満州開拓民の悲劇

黒澤　勉

巻頭に寄せて

今、忘れてはならない歴史

小松　靖彦（青山学院大学教授）

日本近代史において、私たちが忘れてはならないことの一つに、一九三二年（昭和七）から四五年まで行われた満州農業移民事業がある。岩手県からは四千名を超える人々が、「満州国」に渡り、約一八〇〇名が命を失った（敗戦時のデータ）。満州農業移民とは何であったのか、中でも満一四～一九歳の若者が派遣された「満蒙開拓青少年義勇隊」とは何であったのか――。その思いから著者の黒澤勉氏は二〇〇八年（平成二〇）「21世紀 日中東北の会」を立ち上げ、岩手県派遣の満州農業移民経験者から丁寧な聞き取りを行うとともに、資料の発掘と調査を進めてきた。本書はそのエッセンスをまとめたものである。

わかりやすく書かれた冒頭の「満州開拓民の悲劇」から私たちは満洲農業移民の全体像を知ることができる。そこに元青少年義勇隊長や隊員、また馬家店《マージェテン》開拓団員などについての記録が描き込まれてゆく。人々の開拓への希望とソ連軍参戦後の悲劇が胸に迫る。さらに本書は、小説『土と戦う』によって一躍有名になった義勇隊員・菅野正男（北上市出身）と、小学校教師を辞して義勇隊長となった柳原昌悦（花巻市出身）の生涯を、精魂傾けて描き出す。著者は、彼ら（さらに菅野の師・昆野安雄、柳原に影響を与えた松田甚次郎）の心を支えたものが、農民の自立を求めてやまなかった宮澤賢治の思想であったことを明らかにする。日本近代文学研究者である著者が突き止めた重要な思想の系譜である。

本書からは、農民の自立を求め誠実に生きようとした満州農業移民の姿が浮かび上がる。その誠実さが政府と軍に利用されてゆく悲劇を、著者は一人一人に寄り添って見つめている。そのまなざしは暖かくも厳しい。岩手県派遣老永府開拓団の農事指導員の遺族である私は、このような悲劇を二度と繰り返さないために、今こそ本書が多くの人々に読まれることを心から願う。

満州開拓民の悲劇　目　次

満州開拓民の悲劇　目次

六 奪われた青春——佐々木慶次の半生

七 柳原昌悦と宮澤賢治

(注)①「滿州」は正しくは「滿洲」であるが一般に広く使われている「滿州」の表記とした。
②漢字のルビは平仮名で右に日本式の読みを記し、下に片仮名で中国式の発音を表記した。
③記述の根拠となる出典・資料は括弧で示した。出典には絶版となっているものもある。
④若い人を含めより多くの人に読んでもらえるようにルビを多く施した。

開拓公苑（雫石町）にて
野原修一（岩手県開拓振興協会理事長）さんと筆者

一　満州国の歴史

1　歴史を学ぶ

本文に入る前に本書のキーワード、作品の舞台となっている「満州」という言葉について一言しておく。

満州は「満洲」と表記するのが正しく、もともと中国の東北部から南部にかけて住む民族を指す言葉であった。満州族は現在の中国の人口の9割を占める漢民族とは異なる言語（満州語）・文化をもち、漢民族からみて「人住まぬ無住の地」とされた。この地を支配して「満州国」を樹立した（昭和7年）のが大日本帝国の関東軍である。

中国政府は現在に至るまで独立した国家としての「満州国」を認めておらず「偽満州国」と表記、その地は現在、「東北」地方と呼ばれている。具体的には遼寧《りょうねい》省、吉林《きつりん》省、黒竜江《こくりゅうこう》省、それに内蒙古の興安《こうあん》省、熱河《ねっか》省を含む地域である。「満州開拓」は「満蒙開拓」とも呼ばれたが、内蒙古の支配を含めた言い方が「満蒙開拓」である。

本書では日本において使いなじんだ歴史的呼称として「満州」、あるいは「満蒙」という言葉を使った。

南部駒造（本文の著者のペンネーム）は、2008年3月1日に「21世紀日中東北の会」という20人ほどの小さな学習サークルを立ち上げて、旧満州（現在の中国東北地方即ち、遼寧省、吉林省、黒竜江省と内蒙古の興安省、熱河省を含む地域。中国は現在に至るまで国家としての「満州」を認めていないが、本書では日本において使いなじんだ歴史的呼称として使用することとする。）に移民、入植した開拓団の農民や満蒙開拓青少年義勇軍の一員であった人の体験を聞いたことがきっかけになり、日中の近代史に関心をもつようになった。若いころにあまり歴史に興味を持たず、歴史に疎い駒造にとって、これは大きな変化であった。還暦を迎えるころになると人間は歴史に関心を持つようになるものらしい。それともこれは駒蔵だけのことであろうか。

「楽しく勉強しているか」と問われれば正直言って、「そうでもない」と答えざるを得ない。

日本が満州国を建国して支配した時代は、天皇を神とする皇国史観の支配した時代、国家主義、軍国主義の時代であり、戦争（昭和6年の満州事変、昭和12年の日中戦争、昭和16年の大東亜戦争など）とテロ（昭和7年の五・一五事件、昭和11年の二・二六事件など）、貧困の時代でもあった。一口に「昭和」というが、戦前の昭和は暗い、悲惨な時代だった。恐らく日本の歴史上、もっとも苦しみの多い、過酷な時代だった。戦争やテロという「暴力」が国民の生活や精神を圧迫し、政治にも不正や陰謀がはびこった。この時代の歴史を読んでいると駒蔵は恐怖感に襲われ、暗い気持ちになってしまうことがある。そんな暗い時代のことなど考えずに、令和の今を明るく楽しく生きる方が良い、そうも思う。暗い時代のことを調べたり、考えたりしているうちに暗い人間になったら（！）何のための勉強なのか、わからなくなる。歴史の勉強は歴史の勉強として、過去の亡霊に支配されない方が良い。しかし、本を読んだり、調べているうちに暗い魔力に引き込まれてつい夢中になっていることもある。

駒蔵は満州のことを調べて暗い気持ちになることもあるが、日本人がその歴史について知ることが大切だ、満州を忘れてはならないとも思っている。なぜなら「15年戦争」（1931年、昭和6年の柳条湖の満鉄線路爆破事件を発端として始まった満州事変から、アジア・太平洋戦争の終結までを一貫した連続的な戦争状態にあるとする捉え方）という言葉が示すように、満州事変、それに続く満州国の建国こそアジア・太平洋戦争の発端となっているからである。日本の敗戦への道はこの満州国の建国、さらには中国（中華民国）フイリピン、ビルマ、タイ、インドなどを含めた東アジア支配（「大東亜共栄圏」と呼ばれた）の企てがアメリカをはじめとする連合国の批判を受けたことから始まった。満州を考えることはアジア・太平洋戦争を考えることであり、なぜあの悲惨な戦争が起こったかを考えることにつながる。

ところが戦後も70年余り過ぎて、健忘症にかかったように満州事変も、満蒙開拓も、石原莞爾《いしはらかんじ》も、溥儀《ふぎ》も知らない日本人が増えている（駒蔵もそうだった）。

中国や韓国、北朝鮮との対立、衝突が問題になるたびに話題になるのは日本人の歴史的知識の不足、歴史認識の浅さである。こうした現状を思うにつけても、あの「暗い時代」のことを知る、考えることが大切だと思う。

また戦争とテロ、貧困もいつかまた繰り返される危険性がある。いや、それは現代の世界でも繰り返されている現実であり、決してなくなってしまったわけでない。であればこそ、一層、歴史を通してそれを知る、考えることに意味があるというべきであろう。

1981年に来日されたローマ教皇、ヨハネ・パウロ二世は広島での平和アピールの中で「過去を振り返ることは将来に対する責任を担うことです」と語った。「戦争は人間の生命の破壊です。戦争は死です」とも語った。それらの言葉を受けて、2019年に来日された教皇フランシスコは「すべてのいのち」を育むことが重要であり、戦争はそのいのちを破壊するものだと述べた。

戦争ほど非道で、残酷で、矛盾に満ちたものはない。一人の人間を殺して罪に問われるのに、多くの人間を殺して称賛される。戦争は殺し合いであり、人類の犯してきた最大の罪である。21世紀の科学技術の発達した現在、原子爆弾などの核兵器の使用は地球規模の破壊につながり、人類の破滅につながる可能性すら秘めている。

その戦争を起こさないために、過去においてなぜ戦争が起こったのか、起こしたのかを知りたい。日本が満州国を植民地として持った時代を通してそれを知りたい、それも岩手から満州に渡った開拓農民や義勇軍の青少年の悲劇を通して考えてみたい、と思う。駒蔵自身岩手（旧南部藩）の人間であり、岩手の人々の体験を多く耳にし、また交流を深めてきたからである。本書の出版がきっかけとなって、それぞれの県や地域における満州開拓団の悲劇が掘り起こされるなら本書発刊の意義もあったというべきであろう。

歴史の学習に当たっては、パウロ二世がいうように「将来に対する責任」を意識しつつ歴史を学びたい。私達一人一人は個人としては、小さな存在に過ぎないが、戦争は一人一人の心に宿るものでもある。人々への敵意や憎しみ、恨み、無理解、偏見などを取り除いて、心の中に平和を築くことから真の平和は始まる。歴史を学ぶ意義は心に平和を築き、「いのち」を守ることにある。

2　満州国の建国からその崩壊まで

「大日本帝国」(戦前の日本はそう呼ばれた。以下「日本」と表記するがそれは「大日本帝国」と呼ばれていた、呼んでいたことを忘れてはならない)の中国大陸侵略は日露戦争の勝利から始まった。1904(明治37)年、1905年の日露戦争で勝利を収めた日本は、日露講和条約を結んで、旅順、大連の租借権および長春・旅順間の鉄道経営の権利と、その周辺の権益を獲得した(日露講和条約では、この他に韓国における日本の支配権の全面的承認、南樺太の割譲も締結された)。

更にまた、1915(大正4)年には第一次世界大戦に連合国陣営として参加、日英同盟と「日清戦争後の三国干渉に対する報復」という口実のもとに、ドイツに宣戦布告、これに勝利してドイツの所有する山東省の権益を我が物にし、旅順、大連の租借期限及び南満州の鉄道権益の期限を99年間延長するなどという、悪名高い「対中国21カ条の条約」を結んだ。

こうした日本の侵略政策に対して、中国、韓国は根強く反発、抵抗し、1919(大正8)年、中国では五四《ごし》運動、韓国では三一《さんいち》運動など、日本の不正を訴える民族主義的な運動が起こった。民衆の排日の運動は中国全土に及び、日貨排斥運動が起こった。張学良も1928(昭和3)

年、父、張作霖を日本軍の手によって爆殺されて以後、蒋介石の国民政府方に付き、関東軍への憎悪を募らせた。満州は反日・抗日運動が激化して一触即発の危機的な状況にあった。

1929（昭和4）年、アメリカに始まった世界恐慌の煽りを受けて日本経済は行き詰まり、特に農村の貧困は深刻であった。農村は人口が多いうえ、冷害や飢饉なども続き食糧危機に苦しんでいた。それを解決するためには大陸への移民しかないという声も起こり始めた。

満州移民については、当初、反日運動の激しさや自然環境の厳しさなどから、消極的、悲観的な声が強かった。しかし、五・一五事件（昭和7年）、二・二六事件（昭和11年）などのテロを経て、関東軍の主張する満州移民を支持する声が強くなった。五・一五事件で暗殺された犬養《いぬかい》毅《つよし》首相は関東軍の政策に反対していた。また二・二六事件で殺された蔵相高橋是清《これきよ》も満州移民に反対だった。反対者が暗殺されたことで満州国移民の計画は一挙に進むようになった。満州移民は国内のテロの上に咲いたあだ花であった。

こうして政治家を狙ったテロ事件の続発によって、政党政治は崩壊、軍部が政治を支配する軍閥政治へと変化し、軍国主義に傾いていった。

1931（昭和6）年9月18日、奉天（現、瀋陽）郊外の柳条湖付近で満鉄の経営する鉄道線路が何者かの手によって爆破された。関東軍はこれを中国軍（張学良の軍隊）によるものだと発表、わが軍を守るためと称して、ただちに軍事行動をおこして奉天、長春、チチハル、錦州、ハルビンなど中国の各都市を軍事支配、これを占領した。いわゆる満州事変である。

鉄道の爆破は実は関東軍が自ら仕掛けて、これを口実に満州の諸都市の軍事的制圧を図ったものであった。そういう真実を知らない国民は関東軍の行動を支持して中国に対して激しい怒りを燃やした。朝日新聞、毎日新聞などの大新聞も「暴戻《ぼうれい》なる中国人を懲《こ》らしめよ」と中国に対する敵意を煽った。憎悪を煽り立てる熱い記事が書かれてそれによって新聞は発行部数を伸ばした。

関東軍は翌、昭和7年3月1日、清朝最後の皇帝であった溥儀《ふぎ》を説いて満州国の建国を宣言させた。清朝の復活を望んでいた溥儀は関東軍に協力した。こうして表向きは清朝の後継者を皇帝として立てながら実質的には、政治から軍事、外交に至るまで日本政府、関東軍が経営、支配にあたったのが満州国である。一言で言って、満州国は大日本帝国の意のままに動く操り人形――傀儡《かいらい》国家であった。

柳条湖事件から満州国の建国に至るまでの作戦を考えたのは山形の庄内藩の血を引く石原莞《いしはらかん》爾《じ》中佐（軍事思想家）と（岩手県の）南部藩出身の板垣征四郎大佐だった。「東北出身のこの二人の名コンビによって満州国建国の礎が築かれた」と評価する人もいる。

それにしてもなぜ、満州事変という卑劣な謀略を用いて「満州国」という国家を建設しようとしたのだろうか。

一言でいえば、満州を中国から切り離して自由に支配し、その権益を我が物とするためである。関東軍は満州国の建国によって、石炭などの地下資源を狙うと同時に、ソ連の共産主義の南下を防ぎ、我が国を赤化から守ろうと考えた。石原莞爾は世界最終戦争においてアメリカと日本が戦争する、それに勝ったものが世界を支配する、だから日本は中国と手を結びアメリカとの戦争に備えるべきだ、と考えた。そうした軍事思想はやがて大東亜共栄圏を確立して欧米列強の支配からアジアを解放しようという主張につながっていく。

一方、中国は満州国建国は中国の主権を犯す侵略であるとして、これを認めず、日本を国連に提訴した。中国の抗議を受理した国連はリットン調査団を派遣して調査し、日本の軍部の撤退を求めることが世界の声となった。だが、日本国民の多くは「日本が絶対に正しい」と考えて関東軍を支持した。昭和8年、松岡洋右外相は国連において、日本の正義を主張する大演説をぶち上げた、それは教科書にも「松岡洋右の獅子吼《ししく》」と題して掲載され、愛国心を涵養する素材とされた。こうして国家主義の独善と傲慢が日本国内全体をおおった。

ちなみにこの年、治安維持法で検挙された人は四千人を超えた。共産主義や自由主義は弾圧を受け軍国主義が世を支配した。昭和8年という年は、宮澤賢治や新渡戸稲造、そしてプロレタリア作家の小林多喜二が亡くなった年、という点で象徴的である。中でも小林の死は警察による拷問死であり､思想の自由に対する弾圧であった。賢治は最後の病床にあって時代を「慢」の時代だから、それに流されないように気をつけなさいと、教え子の柳原昌悦に宛てた書簡の中で助言している（その柳原も満蒙開拓青少年義勇軍の団長として満州に渡っている）。新渡戸稲造は時代を「暗黒の時代」だと述べ、日本を滅ぼすものは軍閥か共産主義かである、と語った。新渡戸は軍閥が日本を滅ぼすと批判して、軍部ににらまれた。今でこそ、平和主義者、国際主義者として新渡戸稲造は多くの人々に尊敬されているが、戦前は軍国主義の風潮の中で、「非国民」として軍部のみならず、多くの国民から批判的な目で見られていた。

満州事変以後、昭和8年、中国との間に塘沽（タンクー）条約が結ばれて、日中の武力衝突は一応、収拾された。日本はその後、独力で満州国の建国を推し進めた。満州国は東3省（遼寧省、吉林省、黒竜江省）と熱河《ねっか》、興安《こうあん》を含む5省とされ、新京が首都として定められた。熱河や興安は一部、内蒙古の領土であり、満州国の建国の後、内蒙古を独立させて支配しようという考えもあった。満州国の領土は確定したが関東軍はさらに華北――北京、天津をふくめ、河北省、山東、山西、察哈爾（チャハル）、綏遠《すいえん》――への進出を窺い、中国政府から切り離す華北分離工作を推し進めた。そのため日中の間に緊迫した空気が流れていた。

昭和12年7月7日、盧溝橋《ろこうきょう》事件（北京郊外の盧溝橋でおきた日中の偶発的な軍事衝突）がきっかけとなり日中戦争が始まった。満州事変で27万の中国軍をわずか1万の関東軍で制圧したという自信をもった日本は、今度も中国軍はすぐに屈するだろうと舐めてかかって兵力を増強、戦線を拡大していった。

だが今度はそうはいかなかった。中国は国共合作やソ連、アメリカなどの支援を受けて粘り強く抵抗した。かくて日中戦争は泥沼化して収拾のつかない状況に立ちいたった。

それどころか、日本の南進政策はアメリカの対日不信を高め、アメリカとの強い緊張関係が生じた。対日政策として石油の日本への輸出が禁止となるや、アメリカに戦争を挑んだ。昭和16年12月8日、太平洋戦争の始まりである。

昭和20年2月、ローズヴェルト、チャーチル、スターリンの三巨頭がヤルタ会談を開き、ソ連が連合国として参加、対日戦争を決定した。昭和20年8月9日、ソ連軍の満州国進入はそうした国際政治にもとづくものであった。

3　満州開拓民の悲劇

戦争は殺人であり、しかも大量殺人である。それは人類の犯してきた今なお犯しつづけている悲劇である。

終戦当時、満州にいた満蒙開拓団・義勇隊は併せて27万人、その内、死亡者は7万8千5百人（29パーセント）に上る。死亡者の死因は病死が6万6千980人、自決・戦死が1万4520人だという。兵士・軍人ではなく一般の民衆の死であり、通常ありえない大量死である。

少し具体的に書いてみよう。

昭和20年8月9日、ソ連軍は日ソ平和条約が締結されているにもかかわらず、それを無視して突然、満州に侵攻してきた。開拓民は築き上げてきた開拓地を棄てて追われるように逃亡した。難民となって、祖国日本を目指してシベリア国境の北満から哈爾濱（ハルピン）、新京（現在の長春）、奉天《ほうてん》（現在の瀋陽《しんよう》）などの都市に置かれた日本人収容所で一冬を過ごし、翌21年8月、葫蘆（ころ）島や大連の港から舞鶴、佐世保などの港を経て帰郷した。

昭和7年から昭和20年にかけて「五族協和」「王道楽土」のスローガンを掲げて満州国を建設しようとした開拓民の夢はこうして砂上の楼閣のように崩壊し消え去った。

中華人民共和国の反日、抗日運動はその間、しばしば起こったが、日本が破れるほどの力は持ちえなかった。日本の敗北が決定的だったのはソ連が連合国の傘下のもとに参戦、平和な暮らしを営んでいる開拓団を攻撃したことである。その間、多くの開拓民が飢えや病死、戦死、自決などで亡くなった。生き延びた者も、言語に絶する苦難を味わい、数多くの悲劇が生まれた。開拓民は零下20度の厳しい冬を乗り越え、食糧の不足、貧困や赤痢などの病気と戦って生きねばならなかった。ノミやシラミにたかられ、酷寒に耐え、ソ連軍や満人の略奪、攻撃、暴力に怯えて生きねばならなかった。己が命、我が子の命を守るため止むを得ず満人と結婚した（満人の家に入った）女性も多かった。両親を失い孤児となって満人の子として養育される子供もいた。「残留孤児」「大陸の子」などと呼ばれる戦争孤児がたくさん生まれた。ソ連軍の暴行を受けて妊娠した女性も多かった。夫や子供の前で性行為に及んだり、開拓団に女を要求したりした。

ことに悲惨だったのは自決、中でも集団自決である。夫を召集され残された女、子供、老人が7、8割を占める。それに対してソ連軍はヨーロッパ戦線を戦い抜いた選び抜かれた屈強な軍人である。戦車や機関銃などの軍備も比較にならない。戦って勝てるはずもない。

もし「五族協和」の精神が行き届いていたなら、満人は苦境に陥った開拓民をかくまってくれたかもしれない。だが、耕作地や暮らす家まで安く買いたたかれて、日本人を恨みに思っていた満人は助けてくれるどころか、日本人を攻撃し、略奪を繰り返した。困った時に本当の友が分かるという。「五族協和」は絵に描いた餅であった。

少数ながら開拓民に親切な満人もいた。「満州に留まって開拓に励め」と残留を促す満人もいたという。そのような例を駒蔵は聞き感銘を受けたこともある。五福堂開拓団の団長であった堀忠雄が書き残した文章を読むにつけて、「五族協和」の理想がそこでは生きていた、と感じられる。だがそれは稀有な例であった。

20万人のソ連軍の侵攻、そして満人の攻撃の前で状況は絶望的であった。逃げるか、白旗を挙げて降参するか、破れかぶれ担って戦うか、自殺するか……敵に姿を見せないように逃げ隠れるか、武器を捨てて降参するか、どうすれば良いのか。多くの開拓民が集団自決によって自らの命を絶った。話し合いによってそう決めたが団長の決断、指導によるところが大きかった。

自決による死は、昭和16年に陸軍大臣、東条英機が発した訓令「生きて虜囚の辱めを受けず」という「先人訓」に従ったものである。この訓令は軍人に対して向けられたもので、民間人は守る必要のないものであったが、兵隊上がりの開拓団長もいて集団自決を選ぶ開拓団も多かった。婦女子を中心とするこの集団自決は、満州開拓民の悲劇の最たるものであった。

堀忠雄が指摘しているように、現地住民の所有する既墾地（熟地）を買収し、農民を小作人に転落せしめた開拓団は、憎しみや反感を買い数々の略奪、暴行を受けた。

これに対して既墾地を買収せず、未墾地を開墾し、営農を築き上げた開拓団は、終戦後もそこに留まって無事に農業をしながら生活した。五福堂開拓団もその一例であったがその他に、西火棵開拓団、東火棵開拓団、柳毛溝恵那《えな》開拓団、鶏走山県開拓団、義勇隊第二次曙《あけぼの》開拓団などは、昭和21年9月まで営農自活していた。（「満州開拓追憶記」第一集）

「土地を取り上げられた農民」と「土地を取り上げた農民」が対立するのは、いずこも皆、同じであり当然ともいえる。すでに開墾している土地や中国人部落を買収した開拓民が中国農民の怒りを買うのは当たり前である。

だが現地住民の納得できない安い価格で土地の買収をしたのは開拓民でなく、「満拓」（満州開拓公社）と呼ばれる「買収官僚」であり、関東軍であった。満州開拓の失敗、満州開拓民の悲劇の責任者は彼らにある（昭和16年太平洋戦争を引き起こした政府、軍閥に責任があるのは当然であるが、今それは問わない）。

堀忠雄の残した資料の中に平成8年に書かれた「自決とは」というメモ書きがある。

満州開拓地も戦場になった。昭和の大東亜戦争で戦場になったところの住民は「沖縄の婦女子」「満州開拓団の婦女子」だけ。哀れなるは満州開拓民の自決である。

平成年代になってから、私どもは満州開拓犠牲者の墓前にどんな弔辞を捧げることが出来るだろうか。

団長である堀も悩んだ。五福堂開拓団をどうすべきか。戦うか、逃げるか、自決するか…五福堂から応召した男子団員は149名、残っている男子（幹部団員）は僅か40人。武器は小銃200丁、機関銃1、迫撃砲1、手榴弾40発、弾丸8040、しかも戦闘能力は零。

応召した開拓団員が堀団長へ残した挨拶は皆、「家族は残してゆきます。残された家族を宜しくお願いします」と言う言葉だった。

こうした状況を踏まえて堀の出した結論は「武器を一切放棄せよ、満人に供出して戦うなかれ」ということだった。堀はそれを団員の前で力強く宣言、命令した。それを団員に守らせ、白旗を掲げて降参した。

堀は中国語が達者で、現地、満人との間に信頼関係が築かれていた。そのため五福堂開拓団の身の安全は保障され、戦後も営農して平和に暮らすことが出来た。帰国は少し遅れたが、満人に「そのままとどまってくれ」とさえ言われた。それを断って、昭和21年9月21日開拓地を後にした。だがこれは数少ない例である。

多くの開拓団は営々と築き上げてきた開拓地を放棄、避難の途中、ソ連軍、満軍の襲撃により戦死、また自決した。そのうち、死者の数の多い開拓団を一部、列挙して紹介しておく。いずれも昭和20年の事件で、戦死、自決は昭和20年の8月、9月に集中している。その中で死者の多かった開拓団を紹介してみる。
○各県の混成よりなるホダハ開拓団は、8月13日、ソ連軍の戦車の来襲を受けて、465名、ほとんどが全滅した。

○東京から送出された興安東京まきはら開拓団は、8月17日、ソ連軍の威圧と土匪賊《どひぞく》の来襲を受けて戦死、自決、620名に上りほとんど全滅した。

○岐阜県より送出された鳳凰《ほうおう》開拓団は、8月24日、ソ連軍の侵入、土匪の来襲を受けて、216名が自決した。

○長野県から送出された万金山高社郷開拓団は、昭和20年8月27日、ソ連軍の攻撃を受けて、420名が戦死した（ほとんど全滅）。

○各県の混成よりなる瑞穂村開拓団は、9月17日、土匪の来襲を受けて、495名が自決した。

戦死、自決による犠牲者15名以上を出した開拓団は併せて77団、その犠牲者の数9662名に及ぶ。15名以下の開拓団も含めると約1万1千名という。（『満州開拓史』）

堀忠雄は「満州開拓団受難を考える」という文章で次のように書いている。

国境地帯に入植していた開拓団は8月9日未明、突如として侵攻してきたソ連軍に蹂躙《じゅうりん》され、戦場に残されたのは開拓団の婦女子だけであった。あの惨劇に対しては理屈なしに、関東軍・ソ連軍はその墓標に合掌してその霊に己が罪を贖うべきである。然るに、あれから30年経ても日本人は墓標を立てに行くにも行けない世界情勢になっている（中略）。

ソ連軍侵攻するや現地の関東軍家族及び満鉄社員及び家族は汽車を独占して逃亡し、開拓団はそのまま放任され、止む無く山野を彷《さすら》い、難を逃れようとする婦人子供が疲労飢餓に耐えていても、行く先が行き詰まれば自決するのは当然であろう。こうして満州の荒原に白骨をさらし、今なお省みる人もなく、墓標もなき仏が8万人いるのである。

衣食足った今日の日本人、このことを静思する時、だれかこの薄幸の開拓団の冥福を祈らざる者あらんや。


開拓団の団長を勤め多くの仲間を無残に殺された堀忠雄の悲しみ、そして怒りが聞こえるようである。私達は十三重の慰霊塔の前に立って悲しむだけでなくソ連軍の罪、そして関東軍の罪の深さを思うべきである。

開拓民の受難は帰国後も続いた。乞食同然の姿で帰国した開拓団の人々は戦後、食糧難や貧困に苦しんだ。その中には、今度は国内での開拓を目指して生きる人々も多かった。仕事もない、金もない開拓民は農業に生きる――開拓に生きるしか道はなかった。国家もこれを支援した。いわゆる戦後開拓である。国有地は無料に近い金額で提供された。だが国家が開拓民に提供した土地は環境の厳しいところが多く農業に不向きな土地もあった。戦後開拓は開拓としては満州開拓以上の苦しみを味わったという人もいる。小岩井農場に隣接する姥屋敷、花平地区の開拓もその最も厳しい戦後開拓の地であった。

だが開拓者は劣悪な環境に耐え、食糧の不足、貧困に耐えて、汗水流して働いた。5年、10年、20年と。戦後経済の復興の後押しもあってやがて開拓は成功し、生活はしだいに安定、経済的に自立していった。（『岩手山麓開拓物語』『オーラルヒストリー拓魂』）

二　慰霊塔をめぐって

1　岩手県満州開拓殉難の塔を訪ねて

(注)岩手県満州開拓殉難の塔は以下「慰霊塔」と略記する。

２００８年８月も最後の日曜日、よく晴れ渡った青空の日だった。満州開拓殉難者の慰霊祭に参加するために車を走らせた。満州開拓を夢見て、岩手から中国大陸に向かった人の過酷な体験を数人の方から伺って以来、縁が出来てお誘いを受けたのである。

国道４号線を青森方面に向かって進み、上堂、厨川を過ぎると右手に盛岡大学がある。その少し手前の車１台が通れるほどの細道を左折して２００メートルほど進んで、２つ目の十字路を左折すると前方に見慣れない２基の塔が並んでいるのが見える。近づいてみると大、中２基の13重の石の塔である。２重の塔や５重の塔は時折見かけるが13重の塔は珍しい。駒蔵は一つ二

平成18年雫石町の開拓公苑から滝沢市砂込に移されて建立された慰霊塔

つと声を出して数えてみてわかったのである。
この辺りは滝沢市でも「砂込《すなごめ》」と呼ばれる地域で、一方に岩手山を仰ぎ、その反対方向に姫神山が優しくなだらかにスロープを描いている。大地は北海道を思わせる緩やかにうねる畑や牧草地が広がっている。
国道4号線から少しそれただけで、清々しい空気と静寂があり、しかもそこには13重の塔が立つ。満州開拓民の残した資料によると、13重の塔は満州にあるもので開拓民にとって満州を思い出させるものだという。駒蔵は滝沢市砂込のこの13重の塔を包む風景に感銘を受けた。それは駒蔵の、「満州開拓」の研究の始まりだった。2021年の今から数えて13年前のことである。

慰霊塔の脇には「銘記」として以下のような文章が添えられている。

　この満州開拓殉難の塔は昭和八年から昭和二十年まで満州開拓団員および満蒙開拓青少年義勇軍として岩手県より大陸に送出されて犠牲となった一千余名、並に戦後県外より本県に入植された満州開拓団の物故者を合祀慰霊するものである。

これらの人々は国策に応じ一家を挙げて満州に移住し、又青少年義勇軍は幼少の身をもって北満の地で訓練に励み新しい村づくりと食糧増産に挺身したのである。

この満州開拓農民は辺境開拓の建設途上に志半ばに倒れたものもあるが、太平洋戦争が苛烈を極めるや、応召して戦病死し或は終戦後シベリアに抑留中悲憤の涙をのんで倒れたのである。

又現地に残された老幼婦女子は健気にも開拓の鍬を振ったのであるが、昭和二十年八月終戦となるや一朝にして難民となり、酷寒と飢餓の中に銃弾と病魔に倒れたことは痛恨哀惜の情、切なるものがある

これらの尊い犠牲となった亡き同志の霊を慰めるとともに、その事績を永く後世に伝えるためにここに殉難の塔を建立するものである。

希くは拓魂安らかに鎮まりて、世界の平和と祖国の繁栄にご加護あらんことを。

昭和四十九年八月九日　岩手県満州開拓殉難の塔建設委員会

銘記

2　慰霊塔の建設と『満州開拓追憶記』の編集・発行

13重の慰霊塔を建設した人々は『満州開拓追憶記』（以下、「追憶記」と略記）という満州体験にもとづく文集を作っている。30ページから40ページの冊子で慰霊塔の建設と同時に、昭和49年に発刊され、以後、第28集（平成13年）まで28年間に渡って発行し続けた。

慰霊塔を建立したり、「追憶記」を書いたりするようになったのは、戦後約30年後のことで、この頃になってようやく生活のゆとりも生まれてきたことを物語っている。とはいっても昭和49年に突然、生まれたわけではない。昭和45年開拓25周年の記念事業として雫石町網張温泉郷に4.3ヘクタールの土地を求めて「開拓記念公苑」と命名した。そして県下の開拓者から「拓魂」の記念碑を建立するための拠金を募ったところ予想以上の資金が集まり県からの補助金と篤志家の援助があって塔の建設が実現されたのである。「追憶記」の編集はその剰余金をもって発行されたと思われる。

「追憶記」が編集発行されるにあたってさらに幸運なことがあった。それは「堀忠雄」という、すぐれた人物を得たということである。堀は東京帝国大学農学部を卒業後、満蒙開拓青少年義勇軍の生みの親である加藤完治を師として満州に渡り、五福堂新潟村開拓団の団長として勤め満人の土地を奪うことない平和的な開拓村を造った人物としても知られている。開拓民の心を深く理解し満人にも信頼された堀忠雄が自ら「追憶記」の編集に当たった。堀なかりせば、「追憶記」はなかったであろう。もし作りえたとしても、28号(28年)という長い期間にわたって製作、発行できなかったであろう。堀はまた優れた歴史研究家、満州開拓研究家でみづから膨大な著作を残している。しかし研究者の目に触れることもなく、慰霊塔の脇に作られた小屋のなかに15箱の段ボールに収められていた。縁あってそれを発見、一部を自宅に預かっている駒蔵にはそれを世に紹介する義務がある。年内に出版を予定している『五福堂開拓十年記』はその始まりである。

慰霊塔の建立や追憶記の編集を通して、戦前の満州開拓民たちは自分たちの満州体験、シベリア抑留の体験、戦争体験などを再度、思い起こした。亡くなっていった同志の無念を思った。そして自分たちの体験を次の世代に伝えなくてはならない、戦争は二度とするものでない、という熱い思いが長期間にわたる「追憶記」の編集につながった。追憶記は満州に開拓移民した人々の筆舌に尽くしがたい体験を記録した貴重な資料である。

3　慰霊塔の建設に協力した人々

「追憶記」の創刊号（第一集）には慰霊塔の建設に関わった人の名前が「殉難の塔建設委員会」として銘記されている。

会長…岩手県満州開拓自興会会長・元依蘭《いらん》岩手開拓団団長　小森茂穂
副会長…元第四次義勇隊開拓団長　柳原昌悦、元五福堂新潟村開拓団長　堀忠雄
実行委員…北上市農協役員ＯＢ会会長・元岩手県開拓自興会長　千葉茂雄以下15名
委員…実験農場　小西義太郎以下44名
事務局長…岩手県畜産農協組合長　高瀬三郎
顧問…岩手県知事　千田正
相談役…元岩手県農林部長　石田晋、元岩手県開拓主任官　小田耕一（以下11名略）

この中から一部、建設にあたって特に力のあった人、ゆかりの人を紹介しておく。

小森茂穂

昭和13年、盛岡農業高校を卒業後、岩手県庁経済甦生課に勤務、行政の指導のもとに満州に岩手の村を造る「分村」移民の仕事に携わった。小川村、大川村、江刈村の3村で結成した「依蘭岩手開拓団」の団長となる。敗戦後ハバロフスクに抑留されたが無事帰国、引揚者のために支援、満州開拓を呼び掛け多大な迷惑をかけたと詫び続けた。（その子、茂如は満州の孤児となり8年間、流浪昭和28年、21歳で帰国したが日本語もすっかり忘れて日本人でありながら話もできなかった。）

柳原昌悦

宮澤賢治の教え子で、小学校の教師であったが満州開拓の理想に惹かれ、昭和16年、退職して満州開拓青少年義勇軍の教師として満州に渡る。敗戦後、満州の元教え子たちを集めて開拓の指導者として中隊長となる。引き揚げ後、満州で果たせなかった開拓の夢を、滝沢村巣子で果たそうと、教え子に呼び掛けるが思うように集まらなかった。少数の同志を集めて開拓に励んだ。70年後の今日（令和3年）、その生き残りはわずか1人となった。開拓の指導者として生きる道を断念、学校事務の仕事に生きる。宮澤賢治や堀忠雄の影響を強く受け戦後は満州開拓の同志と交流を深めた。

堀忠雄

山形県の酒田市の名家、広い田畑を持つ地主の子として生れ、東京帝国大学農学部を卒業するや、農政学者・農業教育者として知られる加藤完治に師事する。満州の通北県にある五福堂に新潟村開拓団長として理想の開拓村を造るべく指導力を発揮した。

敗戦後、岩手県の開拓課に勤務、公務員として戦後開拓を支援する一方、満州開拓について自らの体験を踏まえ、また膨大な資料や聞き書きなどをもとに研究、独力で膨大な研究資料を残している。

高瀬三郎

茨木県久慈郡の人で、満州に憧れて、盛岡高等農林学校に併設された第一拓殖訓練所で開拓のために必要な技術訓練を受けた後に渡満、昭和11年、満州永安屯《えいあんとん》開拓団の一員となる。敗戦後、もと永安屯開拓団の団長、木村直雄《ただお》と共に滝沢村姥屋敷に花平開拓団を拓いた。木村団長が岩手を去った後、その後継者として力を尽くし現在の酪農家高瀬家の基礎を作った。（『岩手山麓開拓物語』）

小田耕一

慰霊塔の碑文は小田耕一の手になるもので、直筆を生かして刻まれている。小田は戦前、岩手県満州開拓主任官として岩手県から満州への開拓民、義勇軍の移民に関わった中心人物である。

慰霊塔建立当時、雫石町の西山公民館館長として勤務しており、慰霊塔の墓守としてしばしば塔のある開拓公苑に墓参りした。小田は雫石町の出身で、六原農場の青年学校の長期生として学んだ後、学校に勤務した。その後、県の開拓主任官となった。役人として勤務した最後は二戸農村事務所であった。その関係で、戦後初の民選知事である国分知事の伝記を書いている。「追憶記」の第二集に次のような短歌を寄せている。

そのかみの　満州の広野にありし君　偲びて祈る　魂安かれと
三十年を　過ぎたる今も北満の荒野に果てし　君を忘れず

大陸に散りはてし君の魂は　岩手の山に抱かれて眠れ

この「追憶記」の中で小田は「昨年は私の郷里、ここ岩手山麓の開拓公苑に満州開拓殉難の塔慰霊の塔を建てて頂き、朝夕、礼拝させてもらうことが出来まして、私は満州開拓との深い因縁に終生、恵まれていることを幸福に思い感謝しているものであります。

戦前、県民を満州へお送り込むことに情熱を感じた小田は戦後も開拓民のことを忘れず心の中で詫びつつ慰霊塔の前に立った。小田はその文章を見る限り満州移民を積極的に押し進めたことに誇りを持っている。しかし、引き揚げてきた開拓民の前で、「いろいろ苦労かけた、恨むんだったら俺を恨め」と言ったという。

戦後、岩手県庁の開拓課に勤務、満州から引き揚げてきた開拓民のために尽力、戦後開拓を支援した。

石田晋

岩手県県庁の役人で戦前、「左翼思想のレッテルを貼られて刑務所にぶちこまれ」た。（『山の上の神々』）戦後解放され、郷里の北海道に帰ろうかとも思い悩んでいたところ宮田県知事に

「岩手の山野は広い、復興は食糧の増産にかかっている。君の力を借りてこれを成功させたい」と説得され思いとどまった。戦後、初代の開拓課長となり、特に満州から引き揚げてきた長野県の入植者と交渉、その人々のために開拓地を提供した。(『岩手開拓ものがたり』)

千田正(昭和48年、開拓公苑に千田正の胸像が建立された)

岩手県の北上、金ヶ崎村の豪農の子として生まれ、胆沢農学校、仙台商業学校を経て早稲田大学に学ぶ。昭和13年上海に渡り、貿易会社などに勤務。引き揚げ後、政治家として立ち、不毛の荒れ地を切り開いた開拓農民に共感、熱く支持した。開拓魂を激励し、「衆議院に野原正勝、参議院に千田正あり」と言われた。

野原正勝(平成8年、開拓公苑に野原正勝の遺墨の顕彰碑が建立された)

埼玉県の秩父に生まれ、大正15年旧制宇都宮高等農林学校を卒業、同年、青森営林局に勤務。昭和21年盛岡営林署長、翌22年、岩手一区から衆議院議員に立候補、初当選、以後、昭和47年まで、政治家として国政に尽くした。戦後開拓を支援し、「国有林を解放して内地開拓をすべし」と主張、開拓民を激励、開拓民から「オヤジ、オヤジ」と慕われた。

4　岩手県出身者の開拓団とその受難記

（注）

○地図中のマルの中の数字は以下の解説中のマルに対応する。

○解説は堀忠雄が独力で調査して書いたものである。滝沢市砂込の慰霊塔脇に添えられた「銘記」（35ページ）はこの解説、地図と併せて見るべきものである。

○昭和20年8月9日、突如、ソ連軍の侵攻を受けた満州開拓団は大混乱に陥った。開拓団はそれぞれの開拓団ごとに団長を中心としてこの受難を乗り切ろうと話し合って行動を共にした（分裂した開拓団もある）。従って団長の判断力とか指導力がその後の運命を決定する上で大きく影響した。戦闘か、逃避か、集団自決か……成年男子は根こそぎ動員でほとんどが召集され、大半はか弱い女、子供、老人であった。

○満州開拓団員のうち、助かって引き揚げ後、戦後、国内に再入植した人々の事績は赤で記した。満州開拓に挑戦した農民は貧窮に耐えて戦後開拓の土台を築いた。

○堀忠雄は戦後、「満州開拓は侵略だった。開拓団や青少年義勇軍は侵略者だった」と批判する人に会うたびごとに反論、満州開拓は食糧危機にあえぐ国民の命を救う尊い営みであったが、大日本の帝国がその理想を失い、軍国主義国家へと傾斜して関東軍の力が増大してい行く中で、侵略者となっていった。その最大の責任者は東条英機《ひでき》であり、関東軍であった、開拓民は軍国主義の犠牲者だった、と語り続けた。

一、東安省密山・虎林・勃利・鶏西各県

密山県第5次永安屯開拓団（生還者の一部は滝沢村花平開拓）

○昭和20年8月10日、岩手屯に集結した。山形県出身の霞城屯は現地死守案を決議し、避難する本隊と別れた。

○8月11日、本隊約320名、永安屯を脱出し、鶏寧県麻山に至りソ連軍と遭遇、銃撃され戦死者続出した。

○8月12日、霞城部落49名自決、当日なお自決が続いて96名に達した。

○8月14日、高瀬三郎の引率する避難民は勃利の小五站（駅）に至り、ソ連軍の機銃掃射を受け密山県長戦死。東安省各団と合流し、それ以後、朝陽屯開拓団と行動を共にした。

○8月23日、三道河子に向かった。旧森林鉄道路線を前進、牡丹江の鉄道を渡り、三道河子着。

○8月29日、伐採山小屋を出発、森林鉄道を歩いて進み山河屯に野営した。

○8月30日、山林鉄道に乗車、亮珠河に到着。旧営林署工場に分宿した。
○8月31日、亮珠河駅より乗車、亜布路尼に到着。ソ連軍に武装解除された。
○9月1日、横道河子に向かう。病弱者は牡丹江に護送され、一般はソ連軍の命令で山間に露営。
○9月2日、峠を越え、海林に向かう。露営。
○海林収容所に入れられた。
①虎林県義勇隊第2次完達嶺開拓団
○8月9日、虎林県にソ連軍侵入。県の命令で午後7時、宝清に向かって山越え逃避に出発した。
○8月13日、宝清街西端で機銃掃射を受け、午後5時頃、完全に包囲された。
高橋武雄団長戦死、自決する者も続出。一行15名中、12名死亡。生存者分散脱出した。
②勃利県義勇隊第4次金沙北上開拓団（生還者の一部は滝沢村北上開拓団）。
○8月9日、ソ連軍との開戦により即時、勃利街に集結した。避難列車に乗車した。
○8月11日、林口でソ連機の波状銃爆撃を受けた。汽車はそれでも運行された。
○8月13日、牡丹江を経てハルピンに到着。ハルピンで越冬。２３８名のうち死亡者54名。

二、三江省樺川、鶴立、湯原、依蘭各県

④樺河県第一次永宝鎮《えいほうちん》弥栄村開拓団

○8月11日、樺川県の命令で南下避難。

○8月16日、綏佳線に乗車、綏佳に至り完全略奪に会い綏化飛行場格納庫に約1800名収容された。約一ヶ月滞在、病死148名。

○9月17日、ハルピン発。新京、大連へ南下した。総死亡者464名。

○第2次千振とやや同様の行動をし、9月18日、綏化を出発して新京に南下した。新京で約400人、死亡。

⑤樺川県第13次第八州（岩手他東北各県）

○8月14日、201人現地出発。避難中、大羅勒でソ連軍に攻撃された。

○8月21日、ソ連軍に男子と家族と分離され、男子は方正県に抑留された。

○昭和21年2月1日、方正の一部は3月20日、方正出発、新京で家族と合流した。

○牡丹江経由ハルピン、奉天に南下した者には病死したものが多かった。

⑥鶴立県第6次東北村開拓団（生還者の一部は岩手山麓に入植）

○8月11日、県より避難命令。逃避は綏化行列車に乗った者と、船で松花江からハルピンに出

た者とあった。犠牲は少なくなかった。。

⑦湯原義勇隊第2次樺陽開拓団

○湯原県は8月11日避難命令が出され、汽車には乗れず、松花の船便や方正経由、ハルピン避難行きに加わり新京に向かった。

⑧依蘭県依蘭岩手（生還者の一部、小岩井に入植）

○依蘭県に入植していた17団のうち、3団のみがハルピン行きの列車及び船に乗ることが出来たが、依蘭岩手開拓団等14団は残され、徒歩西方数百キロメートル、ハルピンに向かったが受難続いて、遂に方正県に集結した。

三江省各地から方正県依に8640名、残留、三江省次長ほか、副県長らもいたが、佳木斯（チャムス）に拉致、銃殺されたりして、その後、避難民の行動はちりじりになった。

ソ連拉致	460名
脱走	1200名
満妻	2300名
死亡	2360名
ハルピン脱出	1200名

方正残留　　3420名
通河残留　　2000名
依蘭岩手もこの中に含まれていた。
日本人救済のため中国人屯長は、満妻、満妾に関する推奨の布告を出したので、下層階級満人は今まで経済的理由で結婚できなかった者や、第2婦人を持てなかった人々は日本婦人を妾に要求したのであったから日本人側は大混乱を起こした。

三、北安省北安、嫩江、通北、海倫、綏稜、慶安各県

⑨北安県馬産二戸郷
○大部分の開拓団は北黒沿線に位置していたから北安に避難した。ソ連軍の北安入場が遅く8月20日（黒河から侵入したソ連軍は狙撃部隊であったから足が遅かった）。
飛行場に収容監視されていたが、9月になって釈放され、漸次南下した。
⑩嫩江《のんこう》県義勇隊小林中隊
○終戦前、単身の多い義勇隊は南満の礦工業地帯に挺身隊として派遣されたが小林中隊は奉天文官屯に赴任していたので難をまぬがれた。

⑪通北県第6次五福堂開拓団（岩手県遠野市大野平、雫石町極楽野外二地区に一部の団員入植）
○団は8月19日、自主武装解除、8月25日ソ連軍入城。避難せずに現地に留まった中心的部隊であり、団長堀忠雄が居留民会を結成し、中共側との折り合いが良かったため、犠牲は極めて少なく病死が大部分であった。
昭和21年9月引き揚げまで現地営農、自活を続けた。
⑫通北実験場（生還者の一部は六原、吉田沢、観武原、滝沢に再入植）
○通北駅前の団で、満拓出張所もありソ連軍の駐屯もここにあり、暴民の襲撃はなかった。克東県よりの避難民その他、最大の集結人員は1500人を超えたこともあり、副県長らもこの中にいて南下進み、一部残留していたが大部分は南下した。
⑬海倫三井義勇隊開拓団
○9月8日、土民と交戦し戦死1名。後、第6次海倫群馬開拓団に合流した。
○9月11日、群馬開拓団に匪襲、戦死20名。
○9月12日、家屋に放火して海北鎮に脱出した。
○9月13日、南下することができて新京に向かった。この時はまだソ連軍は北安に未到着である。
（参考）北安省最古参第3次瑞穂開拓団は9月17日、午前2時45名、服毒自決。残ったものは奥地の王栄廟に結集した。原住民ボスの脅迫、策略に負けてしまった。

⑭綏稜馬家店開拓団

○先輩団の判断、措置の間違いにも拘わらず奥地団は機を捉えて南下し、馬家店は新京に向かった。

○綏稜義勇隊第5次昭北開拓団（入ソしている。詳細不明）

○綏化に出た時、ソ連軍に抑留され、義勇隊第4次大国開拓団らと共に全員ソ連に拉致された。

⑮慶安県老永府開拓団

○銃殺1名、自決1名。

○9月下旬ハルピンに南下し、新京で越冬した。

⑯慶安県岩手杜陵

○9月下旬ハルピンに南下し、新京、奉天で越冬した。

⑰慶安県義勇隊第1次臥竜開拓団（生還者の一部は金ヶ崎和光開拓団に再入植）

○9月10日、第8次韓家開拓団に移動集結していたところ、2回の匪襲を受けた。ここに集結していた開拓団約2千人。突撃隊130名で応戦、多数の犠牲を出した。（安拝70、青葉4、横泰23、韓家4、衛羊4、臥竜5　計160名）

○この事件での生存者は鉄力大訓練所に逃避した。

鉄力街日本料理店の女将、田部某のソ連軍交渉が実り、9月22日から鉄道で脱出南下できた。

四、竜江省訥河、洮南県

⑱訥河県義勇隊第1次集衆和開拓団
○訥河県各開拓団は8月15日、訥河街に集結したが8月22日、北学田開拓団地区に3500名移動した。
○9月5日、ソ連軍侵入して来て、男子と日本馬を捕縛、訥河街に連行。ブラゴエまで連行された。
○男子は義勇隊であることが証言され、認められて534名が逆送、北安に至り、後、ハルピンに南下した。

⑲洮南県七道嶺義勇隊第一次開拓団（一部は岩手山麓南部開拓団に再入植）
○8月11日、宿舎に放火して脱出した。鎮西駅→白城子→四平→奉天へと南下を強行した。
○9月12日、安東市外収容所に入った。

五、牡丹江省寧安、東寧県

⑳寧安訓練所矢幅中隊

○本渓湖勤労奉仕隊として129名は現地を出ていた。

㉑東寧県第12次農工開拓団

○河沿満鹿、大肚子川、城子溝の三カ所に分かれていた。岩手出身者は大肚子川にいた。

○8月9日、現地駐屯軍の命により部隊の中に避難し、神洞駅より朝陽川に向かって出発。

○8月18日、団を解散して自由行動となった。

○一部は朝鮮経由で9月8日、日本へ帰った者あり。一部は吉林で越冬した。

六、浜江省五常、肇州県

㉒五常県第7次大平川開拓団

○五常県各団は9月下旬まで同県に集結して、その間、多くの匪襲にあった。

○10月上旬、おのおの元の入植地に復帰して越冬。

○東満から流入してくる開拓団が多くなり伝染病が多発した。

○12月から八路軍の治下となり、この間、中央軍と八路軍との戦闘に日本人相互が使役された。

○大平川開拓団の婦女子70人は満人家屋に残留していたが、これをそのまま残して五常に出され、9月上旬中央軍に引き渡された。
㉓肇洲県義勇隊第1次臨安開拓団（一部は滝沢村臨安開拓団に再入植）
○8月21日、安達街に収容され越冬した。
○昭和21年8月、ハルピンに移され、女子30人は中央軍に留用された。

七、吉林省舒蘭、樺甸県

㉔舒蘭県水曲柳開拓団（長野県出身。一部は岩手山麓上郷開拓団に再入植）
○8月21日、水曲柳分駐所に自主武装解除して銃器を返納した。
○その後、しばしば匪襲をうけ、9月11日、現地を脱出、ハルピンに向かった。西本願寺に収容され、後、新京へ南下した。
○一部水曲柳に残留したが、病魔に倒れた者、70名。
昭和21年9月10日、引き揚げのため出発。
○自警村はハルピンに出た。一部は10月下旬、撫順に南下した。
㉕舒蘭県第4次城子河開拓団（一部は野田村根井開拓団に再入植）

○8月20日、54名自決。
○715名の大量避難民群。南下派、現地自活派と意見対立。副団長現地自活が可能かどうか、視察に出た時、450名は撫順に南下した。
○82名は現地に帰り自活、越冬した。
㉖樺甸県義勇隊第1次日東開拓団
○8月27日、樺甸県内開拓団3500名集結。
○9月8日、大匪襲され、全員吉林に向かって逃避した。
○9月12日、吉林着。男子はソ連軍に拉致され、婦人子供は吉林神社に収容された。
○9月18日、撫順に南下した。

八、黒河省愛琿県

㉗愛琿県義勇隊第2次山神府開拓団
○黒河、嫩江間鉄道は終戦前7日に撤去されていた。徒歩で嫩江に逃避し、10日間位で嫩江に入った。
○9月中旬、ソ連軍に拉致され、ブラゴエに連行されたが、義勇隊であることが認められ逆送、北安に収容され、さらに奉天に南下した。

九、奉天省海城県

㉘海城県第14次海城岩手開拓団

○8月18日、海城街に集結、自活した。

○昭和21年6月、引き揚げ命令。

5 「満州開拓団の受難を考える」――堀忠雄

元五福堂新潟村開拓団長、堀忠雄は昭和49年9月、元開拓民の初めて作った文集『満州開拓追憶記』（実質的には同誌の編集者でもあった）に「満州開拓団受難を考える」というタイトルの文章を寄せている。この文章には開拓民に寄せる団長としての深い愛情が伺われる。また開拓団の受難がどこにあったかその原因はどこにあったかを自らの体験、見聞にもとづいて明らかにしている。以下にその全文を紹介する。

満州開拓団の受難は、戦前・戦後と2つの受難期があった。第一次屯墾隊《とんこん》弥栄《いやさか》村が佳木斯（ジャムス）永宝鎮に入植した日から匪賊《ひぞく》との戦争が始まった。第二次屯墾隊千振《ちふり》も同様であった。

これを中国人から見れば「日本人が来て土地を取り上げるのだ。子種さえ絶やす暴挙に出るだろう」という民衆感情が現地の中国人の不安を煽った。土地の豪族、謝文東は民衆感情の代表者として数千人の中国人の武装農民を動員して日本人屯墾隊を包囲攻撃した。

また、海倫に根拠をもっていた馬占山は、日本軍は憎むべき裏切り者であるが、朝鮮人農民と日本人農民は中国農民の先生だから仲良くせよと部下に語っていた。

※昭和12年頃より北安省通北県で県長職にあった千文英氏は馬占山《ばせんざん》軍の参謀格の人であったが、この人が開拓団員に語ったものである。

開拓団は謝文東、馬占山的反満軍を「匪賊」と呼んでいた。

満州国が整備され、秩序が維持され始めると、匪賊は漸次《ぜんじ》、中国共産党やソビエット共産党の手先工作員化した。

終戦になってから前期の工作員たちはソ連軍や満州を占領する急激に台頭した。そして新しい中国県政府（満州国時代は県公署）の県長や公安局長やら、その中枢の地位に座ったのであった。そして回顧して「何々地区工作隊と反満抗日戦」をやったと言った。

日本人開拓団の入植地選定にあたり、中国人は「土地の取りあげ追放、かつ中国人の子種絶やしの暴挙もやりかねない」という誤解と宣伝に躍り、日本人武装開拓団を眼の前にした中国人は蜂起した所もあった。たまりかねた趙景景国務総理も熟地買収を中止させるため秘書官松本益雄を小磯国昭総理大臣に派遣して要請したが、下級官吏はこれを無視して「全県買収案」を本気に提唱する日系官吏《かんり》さえあった。

「土地を取り上げられた農民」と「土地を取り上げた農民」と対立することは、世界何処の国の民族もこの感情は同じである。この世界通念に顧みることのない満州開拓政策のあやまちはは、「買収官」のみが負うべきで、「開拓団員」の責任でないことを私達は主張したい。

それにも拘《かか》わらず終戦後、中共政府に留用された開拓団員は「中国の土地を侵略して悪いことをしました。」と詫び状を書かされた。

「買収官の日本人は多分、満州の未墾地を開拓する能力がないと判断したからであろう。」

確かに当時の日本人は力量が不足していた。」

※紀元二千六百年祭の当時、海外同胞が東京に於いて一堂に会して懇談した際、メキシコ、南米日本人開拓者から満州開拓団の他力依存心を指摘された。

終戦後動乱に際して、日本開拓団のうち、全然熟地を買収せず、未墾地を自ら開墾し営農を建設した開拓団は、そのまま終戦後もそこに留まって無事生活していた事例は、上述の意味を明確に証明するものである。

※例…北安省通北県通北地区開拓団　第6次五福堂開拓団　第9次西火犁開拓団
第9次東火犁開拓団　第十次柳毛恵那開拓団　第12次鶏走山県開拓団　義勇隊第2次曙開拓団

以上の開拓団は全員現地残留、昭和21年9月まで営農自活していた。

これに反して現地住民の熟地も部落も買収し、従来の自作満人農民を小作人に転落せしめた開拓団は、反感その極に達し、終戦直後、大惨劇を呼び起こした。

また国境地帯に入植していた多くの開拓団は8月9日未明、突如として侵攻してきたソ連軍に蹂躙《じゅうりん》され、戦場に残されたのは開拓団の婦女子だけであった。あの惨劇に対しては理屈なしに、関東軍・ソ連軍はその墓標に合掌してその霊に己が罪を贖《あがな》うべきである。しかるに、あれから三十年経ても日本人は墓標を立てに行くにも行けない世界情勢になっている。

※満州作戦敗戦の色濃くなった時代、関東軍は機密の洩れる惧れありと称して無保護、無施策を決定した。（古海元総務長官談）

ソ連軍戦車隊は逃避する開拓団の集団を包囲し、現地暴民の残虐を煽り立てていた。西部葛根廟においては逃走日本人二千の代表者が挙手降伏のために前進したのにこれを射殺し、遂に二千人が自決に追い込まれた。

ソ連軍進撃するや現地の関東軍家族及び満鉄社員及び家族は汽車を独占して逃亡し、開拓団はそのまま放任され、止むなく山野を彷い、難を逃れようとする婦人、子供が疲労飢餓に耐えていても、行く先が行き詰まれば自決するのは当然であろう。

　こうして満州の荒原に白骨を曝し、今なお省みる人もなく、墓標もなき仏が八万人いるのである。

　衣食足った今日の日本人、このことを静思する時、だれかこの薄幸の開拓団の冥福を祈らざる者あらんや。

6　満州開拓少年義勇軍

　満蒙開拓青少年義勇軍とは何だろうか。『日本史広辞典』には次のように記されている。

「昭和10年代に国策として満州に送られた若年農業移民の通称。1938年（昭和13）政府は満州国支配の安定化をねらい、農山村の次・三男を武装集団として送り出す制度を創設。加入資格は満14歳から19歳の青年だったが、彼らに与えられた土地の多くは現地農民から収奪した土地であり、たびたび民族紛争を引き起こした。第二次大戦終結前後には同義勇軍からも多数の戦死者がでた」

これに少し補足しておくと、義勇軍入隊の資格として小学校卒業の身体強健なる男子で、父母の承諾を得た者とされ、入隊が決まると茨城県の内原（現水戸市）訓練所で二、三か月の学習、武道及び体育と農作業の基礎訓練を受けた。その後、満州国の現地訓練所で三年の訓練を経た後、義勇隊開拓団として入植、一人当たり10町歩とか、15町歩もの農地が無償で与えられるということだった。貧しい小作農の子である農村の少年たちは、広大な土地を持てる開拓農民になるのを夢見て募集に応じた。ソ連との国境地帯の北満の地を開拓するといっても、「兵士」になると意識している少年はいなかった。義勇軍の送出には学校教育も深くかかわっており、担任の教師に「どうだ、満州に行って大地主にならないか、君だったらできる」などと勧められて志願した少年も多い。

義勇軍の送出は昭和13年に始まり、昭和20年までに八万六千五百三十名が満州に送り出された。この数字は満州送出農民全体（約27万人）の約3割を占めるもので、成人の移民の不足を補おうとするものであった。

『日本史広辞典』では「満州国支配の安定化をねらい」「現地農民から収奪した」などと記さ

れているが、これでは何か悪だくみを図って、略奪、泥棒でもするために満州に行ったかのような記述である。当時の義勇軍に参じた人々、国民の意識からすれば、納得しがたい、冷たい説明である。駒蔵の会って取材した元義勇軍の10人程の人達の誰一人として、こうした説明に納得した人はなかった。果たして満蒙開拓は支配の安定化、満州農民から収奪を目指した、といって片づけることが出来るだろうか。

駒蔵は歴史学の記述を客観的には正しいものとして認めつつも、それだけですべてを説明できないと思う、できるだけ想像力を働かせて、その時代を生きた開拓民の言葉、思いを聞き取りたいと思っている。

昭和15年に刊行された『土と闘ふ』という小説がある。（本書の五参照）岩手県江刺軍福岡村（現北上市口内）生まれの義勇軍の「少年拓士」、菅野正男の書いた小説で義勇軍の「拓士」の生活と心情を写実的、記録的に活写した小説で、義勇軍を知る最も優れた作品である。農民文学有馬賞を受賞、ベストセラーとなり、義勇軍の紹介、宣伝に使われた。その冒頭に関東軍の関係者（日本人の農業移民事業の主導権を握っていたのは関東軍であった）の書いた「満蒙開拓青少年義勇軍に就て」という文章が添えられている。その冒頭の一節に次のように書かれている。（原文の

まま）

満蒙開拓青少年義勇軍《まんもうかいたくせいしょうねんぎゆうぐん》とは何《なに》か。それは一言《いちごん》にして満州建国《まんしゅうけんこく》の聖《せい》なる使徒《しと》である、といってよかろう。それはどういう意味《いみ》であるかといふと義勇軍《ぎゆうぐん》が毎日唱《まいにちとな》えている彼等《かれら》の綱領《こうりょう》が最《もっと》も確実《かくじつ》に物語《ものがた》っている。即《すなわ》ち

我等義勇軍《われらぎゆうぐん》ハ天祖《てんそ》ノ公謨《こうぼ》ヲ奉ジ　心《こころ》ヲ一ニシテ追進《ついしん》シ身《み》ヲ満州建国《まんしゅうけんこく》ノ聖業《せいぎょう》ニ捧《ささ》ゲ

神明《しんめい》ニ誓《ちか》ッテ天皇陛下《てんのうへいか》ノ大御心《おおみこころ》ニ副《そ》ヒ奉《たてまつ》ランコトヲ期《き》ス

以上《いじょう》の綱領《こうりょう》に依《よ》っても明《あき》らかのやうに、満蒙開拓義勇軍《まんもうかいたくぎゆうぐん》は、大御心《だいみこころ》を体《たい》し、年若《としわか》き身《み》を挺身《ていしん》、大陸《たいりく》に渡《わた》って満州建国《まんしゅうけんこく》の重要《じゅうよう》なる要素《ようそ》をなす開拓《かいたく》に身《み》を捧《ささ》げるもので、文字通《もじどお》り義勇軍《ぎゆうぐん》そのものである。しかも異民族《いみんぞく》のなかにあって之《これ》を指導《しどう》しつつ民族協和《みんぞくきょうわ》を実現《じつげん》して行《い》かうといふ、わが肇国《ちょうこく》の理想《りそう》である八紘一宇《はっこういちう》を実際《じっさい》に身《み》を以《もっ》て行《おこな》ってゆくものであり、一方《いっぽう》には大陸《たいりく》に定着《ていちゃく》して率先興亜《そっせんこうあ》の、礎石《そせき》となり、東亜新秩序《とうあしんちつじょ》の建設《けんせつ》に、東洋永遠《とうようえいえん》の平和《へいわ》の招来《しょうらい》に

先駆者《せんくしゃ》としての役割《やくわり》を果《は》たさんとするもので、その意義《いぎ》たるや、まこと広《ひろ》く且深《かつふか》いものがある。

義勇軍の綱領は十代の少年が読むには少し難解だが義勇軍の人達はこうした言葉を信じ、熱くなって、それに文字通り命をかけた。格調高い文章は、残虐な戦死を美化し、個人の自由を認めないものだった。

「私たち義勇軍は、天皇の祖先の大きなはかりごとを恭しく押し戴いて、心を一つにして追い求め、自分の身を満州国建国という天皇陛下の聖なる事業に捧げて、神に誓って天皇陛下のみ心にかなうように務め申しあげることを誓います」――綱領を口語訳してみるとこんな風になろうか。

「天祖ノ公謨」とは具体的には、初代の天皇である神武《じんむ》天皇が九州の日向《ひゅうが》から出て、大和の橿原《かしはら》に都を定めた時、詔《みことのり》を発して「八紘《はっこう》をおおいて一宇《いちう》となす（天下をおおって一つ屋根の下に治める）と宣言した。これが我が国の「肇国《ちょうこく》」（国の始まり）、日本の誕生であるとされた。「八紘《はっこう》一宇《いちう》」という言葉は、これをもとにして日蓮宗の教団である国柱会の指導者、田中智学が作ったもので、この宣言が日本の東アジア・東南アジアを勢力圏とする「東亜新秩序」を構築し、欧米のアジア植民地支配から解放するのだという主張へと発展した。

こうした皇国史観、軍国主義思想は昭和12年、文部省から出された「国体の本義」、「臣民の道」などによって国民の間に浸透、定着していった。社会主義や共産主義、民主主義、個人主義、自由主義的な思想は危険視された。昭和16年になると小学校は「国民学校」と名を改められ、皇国民の育成・訓練を目的とする国家主義的な教育が強力に推し進められていった。

そうした中で、義勇軍の少年たちは時代の課題を担う理想的な存在であり、多くの少年の憧れの対象ですらあった。戦後の民主主義教育を受けて育った駒蔵からすれば、まだ世間を知らない純粋な少年たちは軍国主義思想の犠牲者であったとの思いを禁じ得ない。

それにしても慰霊塔を建て、義勇軍の「綱領」を刻んだ時、彼らの胸に去来した思いはどのようなものだったのだろう。

ここに自分の青春があったと懐かしむ…

満州に夢抱いて参じた同胞の死を悲しむ…

軍国主義に、皇国思想に欺かれたと怒る…

自分たちは戦争の犠牲者であったと自らを憐れむ…

国家など当てにならぬものだと政治不信に陥る…

敗戦後30年近くを経て慰霊塔を建てた時、どのように自分たちの過去と向き合ったのか。それは一人ひとり違いがあるだろう。しかし、共通して言えることは、戦後になって初めて生まれたこの平和を大切にしたい、という思いである。

義勇軍の「綱領」に関連して、補足しておくと、これには二番目の詞がある。それは次のようなものである。

我等義勇軍ハ身ヲ以テ一徳一心　民族協和ノ理想ヲ実践シ　道義世界ノ礎石タランコトヲ期ス

口語訳すると、私たち義勇軍は優れた徳、優れた心を持つ者となり、五族協和の理想を実践して、道義世界を建設する土台となることを誓います、ということになろうか。少し難しい表現だが少年たちは情熱と誇りをもって高らかにこれを宣誓した。分かりやすく言えば満州国の建国は天皇陛下の聖なる大事業であり、それを実現すべくわが身を捧げるのだ、という誓いである。満州国の建国に当たっては、大和民族、漢民族、満州民族、朝鮮民族、蒙古民族の五つの民族が互いに協力し合って、徳によって天下を治める道義国家を建設することである、という理念である。一言でいえば、「五族協和の王道楽土」の建設を目指すということであり、義勇軍の兵士はその最先端の実行部隊として期待された。

「鍬《くわ》の兵士」とも呼ばれた義勇軍の兵士たちは、行軍の時「綱領」をよく唱えたが、同じようにして歌をよく歌った。「追憶記」には二つの歌が毎号載せられている。一つは「我らは若き義勇軍」という歌である。この歌は岩手県の拓務主事として義勇軍の満州送出に深くかかわった小田耕一が亡くなった時、その棺を前にして歌われたという。

義勇軍で歌われたもう一つの歌は「植民の歌」である。この二つの歌の歌詞を紹介しておく。

われらは若き義勇軍

一　われらは若き義勇軍　祖国の為ぞ鍬《くわ》とりて　万里涯《はて》なき野に立たむ
いま開拓の意気高し（繰り返し）

二　われらは若き義勇軍　祖先の気魂《きこん》うけつぎて　勇躍つとにさきがけむ
打ち振る腕に響きあり（繰り返し）

三　われらは若き義勇軍　秋《とき》こそ来たれ満蒙に　第二の祖国うち建《た》てむ
輝く緑空をうつ（繰り返し）

四　われらは若き義勇軍　力ぞ愛ぞ王道の　旗ひるがえし行くところ
身よ共栄の光あり（繰り返し）

㈟王道＝有徳の君主、皇帝が仁徳をもって国を治める政治。

植民の歌

一　万世《ばんせい》一系比《たぐ》ひなき　すめらみことを仰ぎつつ　天涯万里野に山に
荒地拓《あれちひら》きて敷島の　大和魂《やまとごころ》を植うるこそ　日本男児の誉《ほまれ》なれ

㈟万世一系＝一つの系統が永久に続く　すめらみこと＝天皇の和語的表現
敷島＝大和にかかる枕詞、転じて日本国

二　北海の果て樺太に　斧鉞《ふえつ》入らざる森深く
北斗輝く蝦夷《えぞ》の地に　金波《きんぱ》なびかぬ野は広し
金剛聳《そび》ゆる鶏林《けいりん》に　未墾《みこん》の沃野《よくや》我を待つ

㈟蝦夷＝北海道の古称　斧鉞＝斧《おの》と鉞《まさかり》　金波＝よく実った稲　金剛＝朝鮮にある金剛山　鶏林＝朝鮮

三　峻嶺《しゅんれい》雲衝《つ》く新高《にいたか》の　芭蕉の葉陰草茂る
広漠千里満州の　地平の果てに夕陽は赤く
興安嶺《こうあんれい》の森暗し　いざ立て健児いざ行かん
㈟峻嶺＝険しく高い　新高＝台湾の新高山　興安嶺＝満州国にある山の名

四　高なる胸の血潮もて　紅染めし日章旗
高き理想と信仰の　み旗かざして我行かん
東亜の天地黎明《れいめい》の　あしたを告ぐる鐘ぞ鳴る（繰り返し）
㈟日章旗＝日の丸の旗　東亜＝東アジア即ち、中国、朝鮮、日本などの名称

7　小林中隊の受難

滝沢市砂込の二基の十三重の慰霊塔の、向かって左側は「鎮魂の碑」である。その脇に石碑があり、義勇軍の「綱領《こうりょう》」と「小林中隊史」が刻まれている。

義勇軍の綱領と小林中隊史
（滝沢市砂込の慰霊塔脇）

満州開拓青年義勇隊小林中隊史
茨城県内原《うちはら》入所（河和田分所）昭和19年3月8日
渡満　内原出発　昭和19年6月9日
新潟港出帆昭和19年6月11日
現地訓練所入所　昭和19年6月17日
満州国黒河省嫩江《のんこう》県満州開拓青年義勇隊嫩江訓練所

国内では「満蒙開拓青少年義勇軍」と呼ばれていたが、関東軍の指示で中国では「満州開拓青年義勇隊」と呼ばれていた。ここではその呼び方が使われている。「中隊」は300人からなる訓練の単位で、60名づつの5個「小隊」からなり、「中隊」が5個集まって「大隊」となった。

「小林」とは和賀郡横川目出身の「小林義雄」のことで、昭和19年、岩手県和賀郡岩崎村山口小学校の訓導（教師）をしていた時、県開拓課の小田耕一の誘いを受けて義勇軍の中隊長として渡満した。小林は「山崎大先輩の徳を偲び、加藤完治先生の心意気に共鳴し」満州の広野に

柳原中隊の拓魂碑
（滝沢市狼久保、葉の木沢公葬墓地）

「骨を埋める」覚悟で引き受けたのだった。（『満州開拓追憶記　10集』）

「山崎」とは「山崎芳雄」で、北海道大学農学部を卒業後、満鉄などに勤務したのち、昭和7年、満州国建国の年の10月、国策移民団の第一次武装移民団（在郷軍人を主体としていた）をもって弥栄村《いやさかむら》を北満の佳木斬（チャムス）永豊鎮《えいほうちん》に造った人である。弥栄村《いやさかむら》建設に当たっては、幾度も「匪賊《ひぞく》」の襲撃を受けた。「匪賊」とは、徒党を組んで出没し、殺人、略奪をこととする盗賊のことで、反日的な行動をする民族主義的なグループや共産主義的なグループを当時、そう呼んでいた。「匪」は悪者の意である。

山崎は移民団の内紛や「屯墾病《とんこんびょう》」（加藤完治の作った言葉で集団入植した開拓民のかかったホームシック、ノイローゼをそう呼んだ）に悩まされながらも開拓の部落を建設、開墾を進めた指導者として評判が高かった。山崎は小林がこれから行こうとする満州の黒河省にある嫩江《のんこう》の大訓練所の所長で、小林の胸には尊敬する山崎大先輩に会えるという期待感もあった。

加藤完治は山崎の友人で、東京大学農学部出身の農政学者、農業教育者で、関東軍の東宮《とうみや》鉄男《かねお》と共に、義勇軍の生みの親であり、内原訓練所の所長としてカリスマ的な指導力をもって少年たちに慕われた人物である。

昭和19年「大東亜戦争」（太平洋戦争の敗戦前の呼び方）は敗北を重ね、危機的な情勢となっていた。南方戦線では全滅する部隊も現れていたが、政府、文部省の熱い宣伝によって、義勇軍に参加を希望する青少年は後を絶たず、多くの隊員が集まった。

小林中隊は、小林中隊長のほかに、幹部の先生として教練担当の藤尾清志（矢巾村）、教学担当の金刺伸肥（紫波郡）、農事担当佐藤達巳（大原町）と宮田利男（富山県）、それに寮母として高橋ハツミ（江刺郡）がいた。これらの幹部の氏名、及びすべての隊員の氏名が慰霊塔の左側にある石碑に刻まれている。小林中隊は岩手県出身者176名、富山県出身者63名の合わせて239名の幹部、隊員でもって構成されていた。これらのうち43名が北満の地で若い命を散らした。

慰霊塔には普通、亡くなった人の名前を刻むが、幹部まで含めてすべての隊員の名前を刻んでいる。

小林やその隊員訓練生の記述に基づいて小林中隊の歩みを日記風に整理して紹介しよう。239名が共に行動したわけでなく、分散を強いられたため、一人一人の違いはあるが、一応の参考にはなろう。『満州開拓追憶記』によって知りえた範囲でまとめてみる。

〈昭和19年〉

○3月初め、国民学校で義勇軍の募集に応じた少年たちの壮行会が行われた。義勇軍の入隊が早いために卒業式を前にした壮行会だった。

○3月7日、盛岡の県公会堂で県民による壮行式が行われ、八幡宮の護国神社に参拝し、記念写真を撮った。盛岡駅頭で両親や知人の見送りを受けた。まだ紅顔の十代の少年たちをみて大人たちは「あったにちゃけくて、遠い満州さいぐのが。かわいそなもんだ。仕方ねえ。お国のためだ」とつぶやきはしたものの正面切って反対の声をあげるものはなかった。幼い我が子を義勇軍の一員として送り出した親は、出征する兵士を送り出すような悲しみと不安に包まれていた。

○3月8日、義勇軍の少年たちは、内原（現、水戸市）訓練所河和田分所に入所した。小林中隊長は初めて出会う義勇軍の訓練生を前に、初めての挨拶をし教訓を垂れた。「諸君、諸君は満州国建国の同志である。加藤先生もおっしゃったようにみんな仲良く、迷わずに、元気いっぱいやっていただきたい」。

食事は麦飯とマントウが主食。食用ガエルをよく食べた。労働は重い開墾鍬《かいこんくわ》をもって開墾に汗して働いた。水田造成の実習もあり地元の農民に感謝された。午前中は学科、教練、もしくは建築の作業、午後は農場作業、開墾が行われた。時として重い木刀を使って武道の心を学んだ。開拓精神に触れるべく松の根を抜く抜根作業もあった。

総じて日々、苦しく辛い訓練の連続だったが訓練生は満州を夢見てよく耐えた。

○6月9日、内原を出発した。訪ねてきた両親や友人と尽きぬ名残を惜しんだ。弥栄《いやさか》広場で加藤所長の言葉を受けた。加藤所長は優しく、また力強く「仲よくせよ。喧嘩をするな。迷うな。体を大事にせよ。生水を飲むな」と激励した。

○6月10日、東京駅から新潟へ向かう。宮城遥拝を済ませ、首相官邸で東条英機閣下から御茶菓子、記念品を贈られ、東京市中を行進する。午後6時、東京駅発の汽車で新潟に向かった。

○6月11日、白山丸という船に乗って新潟港を出港。

○6月13日、北朝鮮の清津を経て羅津《らしん》で上陸。初めて大陸の赤褐色の大地を踏みしめる。汽車は有名な満鉄である。大陸の内陸部に入り、新京（現、長春）、哈爾濱（ハルピン）、斉斉哈爾（チチハル）を経て、6月17日、ロシアとの国境に近い北安省の八州駅に着く。本部員の出迎えを受け、宿舎までの道のりを隊伍を整えて行進する。満州国黒河省嫩江《のんこう》県八州の嫩江訓練所に到着、入所する。粗末な宿舎にがっかりするが、コーリャン入りの赤飯を皆でうまそうに食う。

○6月以降　訓練所の仕事は、畜産当番、貯蔵庫当番、衛兵勤務、特技訓練、農作業などに分かれて精を出す。草刈り、納豆作り、ノロ（鹿の一種）狩り、こたつ造りなどする。オオカミの夜襲がある。放し飼いされた豚が野外をさまよっている。
訓練生の中には「屯墾病」にかかって帰りたいと泣く者、うつ状態でふさぎ込む者も出た。不衛生な粗末な食事のためか今野清禧、田屋与四郎の二人を早くも病いのために失った。

〈昭和20年〉

○6月、金刺伸肥幹部以下50名、奉天（現、瀋陽）の文官屯軍工場に派遣される。単身の多い義勇軍は南満州の鉱工業地帯に挺身隊として派遣されることが多かった中にあって、これは幾分幸いだった。

○7月、宮田利男幹部以下30名、奉天の軍需工場に派遣される。残留者は富尾清志幹部1名と、高橋ハツミ寮母と、小林中隊長とその家族のみとなる。残された訓練生は病弱者か、体力的に劣るものだけとなり、農耕作業もはかどらず、警備も心もとなく、眠られぬ夜が幾日も続く。小林は入院中の訓練生を見舞い、親元に帰してゆっくり療養させてやりたいと思うが如何ともしがたく、ただ戦争の終結を願うのみだった。
戦争の推移に伴って、中隊より軍要員の派遣要請が次々に重なり、残留訓練生も少なくなって開拓も困難となった。

◯8月1日、小林中隊長に召集令状が来て四平街福寿部隊に入営する。小林は覚悟はできていたが、残された訓練生の指導を一体、どうするのか。本部に行って、所長に相談するも、「後のことは引き受けた。軍務に励んでくれ」との一点張り。本部からの電話も思いやりなく、すべて注意や指示ばかりである。小林は「大陸的な悠長さ」が欲しいと思う。「せかず、あせらず、自然と風土になじませ、一人の落伍者も出すまい、訓練生一人一人の気持ちを見つめて、満州開拓の本質を体験を通して身につけさせ、五族協和の開拓者を育てよう」と小林は願ったが、それも揺らぎ始める。しかし、訓練生は成長期の子供だけあって精神的にも、肉体的にもたくましくなっていくように見える。

◯8月6日、小林中隊長は藤尾幹部に指揮を一任し、幼い二人の子供に見送られて八州《やしま》駅を出発する。沖縄玉砕の報を耳にする。四平街の本部に急ぐ。満州開拓の夢はすでに消え、毎日が「聖戦」という名の、戦争完遂のための犠牲を強制される日々である。

◯8月7日、夕刻、友軍機飛ぶ、と見て手を振り歓迎するも、ソ連機。直ちに出動するが軍服はおろか、銃も弾丸も装備もない。しかし、出動。無蓋車《むがいしゃ》にて新京防衛のために向かう。

◯8月9日、ソ連軍侵攻。訓練生も陣地構築要員として嫩江《のんこう》部隊に動員される。

○8月15日、内地ではラジオ放送で国民は敗戦を知る。
○8月18日、嫩江広場《のんこう》で敗戦の事実を知らされる。残された小林中隊員は100名足らず。召集された小林は武装解除を受け、ソ連軍の捕虜となる。どこに送られるかわからないまま、北安（ペイアン）を通り、孫呉（ソンウ）に向かう。この間、どこでも構わず用便し、炊事、水を飲む。水たまりを見つけて喜び合う。赤ん坊の死体が転がっている。日本兵の死体が水に浮かんでいる。線路の傍らには、オオカミの食い散らかした死体が散乱している。しかし、だれも皆、無表情で人間としての感情を失い、ただ自分が生きぬくことだけを考え続けている。
○9月30日、訓練生はソ連軍に率いられて黒河（ヘイハー）に向かう。貨車が止まるとリュックの荷物をソ連兵に奪われる。食事は高粱《こうりゃん》、粟などを飯盒で炊き、岩塩を振りかけて食った。水は線路わきの水たまり、池などから汲んで使う。
○10月7日から12日、訓練生はソ連のブラゴエで労働のための検査を受ける。その結果、また黒河に帰される。年齢、体格とも捕虜として使えないと判断されたためである。
8日から黒河の駅前で地面に枯草をしいて野宿。昼は資材や鋼材などの運搬に酷使される。
○10月13日から30日、訓練生は黒河を立ち南下する。途中、関東軍の兵士を満載した列車が北上するのを見る。シベリアに向かう彼らは15、16歳の訓練生をもの珍し気にじろじろ見つめた。

○10月30日、訓練生はハルピンに着く。
○11月2日、訓練生は瀋陽《しんよう》着。訓練生はここで冬を越すことになる。
〈昭和21年〉
○7月13日、錦県出発、葫蘆《ころ》島着。
○7月14日、葫蘆島発。
○7月16日、博多入港
○7月20日、博多上陸、故郷へと向かう。（『満州開拓追憶記　第10集』）

次々に続く仲間の訓練生の動員、幹部の先生の徴用…敗戦を前に小林中隊は崩壊していた。中隊長を失って放り出された義勇軍の少年たちはどれほど不安だったろうか。以後に続く、ソ連軍の突然の侵攻、満人の攻撃。食糧も乏しく、しかも冬は酷寒の大地…その荒野に投げ出された少年たち一人ひとりの体験はどのようなものだったのだろうか。

帰国後、小林の書いた文章には傲慢な関東軍への不信感がにじみ出ている。だがそれは満州にあって決して言えぬことだった。「泣く子も黙る」といわれた恐ろしい関東軍であり、満州を支配し、守ってくれる（はずの）のもその関東軍だったからである。

昭和43年に発行された『義勇軍物語』（農業指導員の小野寛一著）に次のような一節がある。（『満州開拓追憶記　第5集』）

こんなはずでなかったと思ったところで、どうしようもなかったのは団員の入営であった。義勇軍の訓練が精強な関東軍軍人の養成であることは誰も言わなかったし、義勇軍創設の建白書にもどこにも書いてはいなかった。

義勇軍訓練の目的は優秀な拓士の養成であり、五族協和の理想国家を建設する鍬《くわ》の戦士を養成することにあった筈だった。しかし、それは本当の理想であり、夢であって現実はそう甘いものではなかった。建設は年々、進捗《しんちょく》していたのに団員は年々と入営して団を去って行った。

散在する六つの部落、その中に充実している開拓団の物、資産、農場、その管理する人がどんどん少なくなっていた。

心身ともに健全な団員は関東軍の注文にかなう最良の条件、日本人であるから止む得ないものの、割り切れない一コマであった。それに幹部まで「赤紙召集」、これには困ったという一言で尽きた。結婚間もない若妻だけが残された。

この記述は七道嶺義勇軍開拓団について書かれたものだが、小林中隊にあっても、そして他の義勇軍開拓団にあってもほとんど同じだった。

義勇軍に参加した時、まだ少年であった「拓士」たちは、成人年齢に達するものも出て、次々の関東軍の「兵士」として召集されていった。ここに記されているように、少年たちは誰一人として、関東軍の兵士になろうとして義勇軍に参加したのではなかった。しかし、それは「約束が違う」などと言って抗議することもできなかった。もはや開拓など不可能であった。

そこに突如、襲いかかってきたソ連軍の戦車、大砲、機関銃、爆撃機、「復讐の時来る」といわんばかりの満人の略奪、攻撃…義勇軍の訓練生からは大日本帝国の敗戦を知った時、白虎隊のように自決した少年たちもいた。逃げようとしても逃げられない異国の広漠たる大地…。義勇軍の少年たちの舐めた辛酸は想像するに余りある。

43名の訓練生を失った小林中隊長は、戦後、義勇軍の慰霊塔建設の実行委員の一人となり「追憶記」に文章を寄せている。その文章の中で幾たびも「本当に申し訳なかった。申し訳なかった」と涙ながらに詫びている。

異国の地にあって両親に代わってまだ幼い少年たちの世話をした小林は訓練生に慕われていた。共に苦労を重ねた者同士ほど、その絆も深いのかも知れない。帰国後、教え子たちと共に集まり、亡き同志の霊を弔い続けた。昭和23年に結成された小林会は「魂と魂の触れ合い」を大切にして、約30年間、交流を続けた。それが「鎮魂の碑」の建立に結びついた。

小林義雄は昭和56年に亡くなった。その時、小林会の会長、中里武男は弔辞の中で次のように述べている。

小学校を出たばかりの学童であった私どもの「中隊長」、小林義雄先生。母国を離れて満州の荒野に立った青少年義勇軍の「親代わり」となってくれた小林先生。幼くして国策に殉じた同志の霊を弔う「導師」のような小林義雄恩師を今日、私どもは先生を黄泉の客として送り出さねばならない運命に際会いたしました。

思えば昭和19年春3月、名もうるわしい満蒙開拓青少年義勇軍の壮行会が盛岡公会堂において開催されました。義勇軍の隊長として私どもの清純な眼前に姿を現したのが小林義雄中隊長でした。この人こそ今日以後は、私どもの親として、また師として、また生涯を共にする理想、信仰の旗の下、雄々しく前進する中隊長として行動の第一歩が踏み出されたのであります。盛岡駅を離れ、茨城県内原訓練所に入所して訓練が始まったのでした。

加藤完治先生は私どもに言い聞かせて下さいました。

「みんな仲良くしなさい」という簡潔な言葉は、満州国の理想であることを教えられました。その中心にいて仲よくすることを毎日、実践する人、すなわち私どもの小林中隊長でした。

海行かば水漬《みづ》く屍《かばね》　山行かば草むす屍…

と鳴り響く軍楽に送られて新潟港を出港し満州大陸に足をかけたのでした。もう私たちは小林先生を親とする以外、頼れる人はなかったような気がして、頼もしい吾らが中隊長小林義雄先生と共に嫩江《のんこう》訓練所に到着したのでした。

きびしい北満の寒気と、夏の炎熱との闘い、それの少年たちを襲ったホームシック、そして就寝後の見廻りなど、すべて先生たちは少年たちを見守り

続けたのでした。（中略）
少年たちの中隊長が今は50歳代の日本産業の中核戦士と共に、なおも「おらが団長」として「みたましずめ」をする姿は何と美しい人間像でしょう。あの時の先生の音声は私どもの宝として録音が保存されています。今は亡き「おらが団長、小林義雄先生」、農の心と生前の声とを残して、小林中隊からまた一人、消えてしまいました。先生の永眠逝去にあたりお別れの言葉とします。（『満州開拓追憶　第10集』）

小林は十代の少年たちに多大な苦労をさせ、また死に至らしめたことを深く悔いた。しかし、そのような労苦を強い、また死なしめたのは無論、小林ではない。謝罪すべきは一体、誰なのか、誰が謝罪したのか？

三　マージャテン（馬家店）開拓団物語

1　高橋家3代の満州

初めに

昭和6年9月18日、大日本帝国の関東軍は自ら奉天（現・瀋陽《しんよう》）郊外の柳条湖で南満州鉄道の鉄道爆破事件を起こして、これを中国側の仕掛けたものだと主張、それを口実として奉天、錦州、ハルピン、長春など中国東北部の都市を軍事制圧した（満州事変）。さらに翌昭和7年3月清朝最後の皇帝だった溥儀を執政に（後に皇帝）迎えて中国東北部に「満州国」の建国を宣言した。

この年10月には吉林省佳木斯（チャムス）に第一次武装移民団を送り込んだ。試験移民の始まりである。

昭和11年、広田弘毅内閣は今後20年以内に、100万戸、500万人の日本人を満州に移民するという計画を採択した。満州国への移民は不況下にあって貧困に苦しむ当時の日本を救うものとして期待され国策の名のもとに、移民はブームとなって多くの人を引き付けた。

昭和14年、当時の岩手県藤沢町は「満州国分村《ぶんそん》移民規定」を設けた。農業移民を決意した人々が岩手県全域から遠藤鉄之助団長の元に集まった。昭和15年には先遣隊を送り北安（ペイアン）省綏陵《すいりょう》県馬家店に入植、第9次馬家店開拓団が発足した。団員は「馬家店に第二の藤沢町を作るのだ」と意欲を燃やして開拓に励んだ結果、開拓は表面的には順調に進んでいってるようにみえた。ところが昭和16年、アメリカとの戦争が始まり、昭和20年になると開拓団からも関東軍の兵士として招集されるようになり、開拓団には婦女子と子供だけが残された。

昭和20年8月9日、ソ連軍は日ソ不可侵条約を無視して圧倒的な軍事力をもって満州に侵攻した。それをきっかけに開拓団は満人の攻撃、暴力を受けるようになった。開拓民は築き上げてきた土地を放棄して流民と化して本国に帰還すべく苦難を舐めた。

ここに紹介する高橋剛の一家はその開拓団の一員であった。

高橋光さん（高橋剛の息子）は昭和21年（9歳の時）満州から引き揚げて以後、盛岡市に暮らし長く学校事務の仕事に携わった。その間、滝沢市の砂込にある満州開拓者殉難の慰霊塔で行われる慰霊祭に参加、満州開拓の体験者と交流を深めてきた。駒蔵が仲間と共に「21世紀日中東北の会」を立ち上げて日中の歴史、交流を学ぶようになったのが2008年。その講演会（学習会）で光さんから満州体験の思い出を語っていただいた。

本文はその光さんからうかがったお話や残された資料を基にまとめたものである（特に『馬家店誌　北満州開拓団の記録』は貴重な資料として参考にした）。

2　高橋貞治の生涯

高橋貞治《ていじ》―剛《ごう》―光《ひかる》と続く、高橋家3代の満州との関わりは貞治に始まる。貞治は大迫（現在、花巻市の一部）の旧家、屋号、「上の山」を持つ家に生まれた。大工の棟梁だったが、田んぼを持ち百姓もしていた。小作農ではなく、農業役員を務めるなど村の有力者であった。天皇陛下に献上米を上呈した時、「しょどめ」（早乙女《さおとめ》）たちが田植えをしている記念の写真も家にはあった。

戦後、民選による初めての選挙で知事となった岩手県知事、国分謙吉が青年の頃、貞治を頼って来て、二人で農業を語り合い、その活動を支援したこともある。戦後のことになるが貞治の長男、剛が知事の世話で臨時の教職に就いたり、国分農場につとめたりできたのは、国分知事の恩返しを受けてのことだった。

貞治は人に酒を飲ませたり、ご馳走したりするのが大好きで大盤振る舞いをしては村人をもてなした。豪放磊落《らいらく》で、陽気な人間だった。芸事が大好きで興行《こうぎょう》師のようなことをして、田舎芝居や舞踊、歌謡団の一行を招いて村人を喜ばせた。しかし、それがよくなかった。興行が失敗して莫大な借金を抱えて、にっちもさっちもいかなくなった。借金取りが毎日のように追いかけてきた。

窮地に陥った貞治を救ったのが満州の夢だった。昭和11年、広田弘毅首相が「今後20年以内に、100万戸、500万人の日本人を満州に送り込む」という、信じがたいような移民計画を立てて以来、満州移民は国策として全国的に押し進められ村や町には「行け満州へ」「拓け満州」などというポスターが躍っていた。貞治はそれに煽られた。

ポスター　拓《ひら》け満蒙

満州へ行ってひと儲けしよう—借金で行き詰まっていた貞治は満州に夢をかけた。決断力と度胸のある貞治は家族を置いて単身、満州に渡った。昭和13年のことである。

当時流行していた言葉に「満州ゴロ」という言葉がある。「ゴロ」とはゴロツキのことで、一定の住所、職業をもたず、あちこちぶらついて良からぬことをしている男を指すが、満州に行く人間をそう見る向きもあったのである。貞治もまた、まじめで堅実な人々からすれば、「満州ゴロ」とみられることもあったかもしれない。

貞治はそれだけの才覚があったたか、または運がよかったのか、裸一貫で満州に渡ったのに一年もしないで建設会社の社長になった。社長といっても「満人」（当時は中国人をそう呼んでいた）、日本人併せて10人程度の弟子を持つ大工の「親分」である。馬家店開拓団近くの街、北安（ペイアン）で土木建設会社の親分、「社長」になった「貞治爺さん」は高橋家一族の誇りだった。

貞治はやがて息子の剛に、家をたたんで満州に来い、と誘ってきた。それは勧めたなどというより命令に近いものだった。剛は、一家を代表して父祖の代から受け継いだ亀ヶ森の家屋敷、不動産をすべて売り払って借金を返済した。

昭和15年、高橋剛の一家は第9次馬家店（マージャテン）開拓団の一員となって満州に渡った。馬家店開拓団は75世帯、総勢250名、岩手県の藤沢町を中心として広く岩手県内の農民が集まって結成された開拓団である。開拓団に入ると旅費も支給され、家族も共に行くことが出来る。慣れない異国の暮らしでも家族が一緒だと心強い。満州開拓は貧しい小作人の暮らしから解放され一躍、地主になれるのだとブームを巻き起こしていた。そのブームに乗ったのである。

高橋剛一家は家族8人での渡満だった。剛と妻、長男の光を初め、6人の子供も一緒だった。満州では家長の貞治は北安（ペイアン）で建設業をし、息子の剛一家は馬家店で開拓団として暮らした。北安と馬家店は近かったから、貞治は時々、開拓団の家族を訪れて羽振りのいい話

を聞かせては帰って行った。だが、その最期はあっけなかった。昭和19年、貞治は脳溢血で急死した。60歳だった

貞治は開拓団の崩壊も、開拓民の受難も、引き揚げも、一切、知ることなく、遺骨・位牌ばかりが息子の剛家族と共に故郷に帰った。昭和19年といえば日本の厳しい状況も多少は、耳に入ってきそうなものだが、開拓団はじめ満州の日本人は軍部を除いて情報は全く閉ざされていた。

3　高橋剛の生涯

高橋剛は貞治の子として、明治37年、稗貫郡の亀ケ森村（現、花巻市大迫町）の旧家に生まれた。一人息子で（特に祖父に）可愛がられて育ち、小さいころから本好きであった。また書くことにも興味があり、岩手日報には10代のころから投稿していた。読売新聞の記者を数カ月やったこともある。高橋剛が文筆に秀で、後に紹介するような優れた日記を残しているのは、こうした若いころからの読書や執筆の賜物であろう。

高橋剛は父に似て演劇や講談、漫談、落語などパフォーマンスする芸事が好きで、家を出て、当時、「喜劇王」として人気のあったエノケン一座に一カ月も加わった経歴もある。人前で面

白おかしく、語り、演じ、人々を楽しませることもあった。剛は明るい、人付き合いの良い好人物であった。もっとも剛の長男、光の話では、子供たちの前では謹厳で親しめない父親であったという。

岩手県では、戦前、養蚕が盛んだった。高橋剛は稗貫農蚕講習所でその技術を学び、さらに長野県の松本養蚕学校で学んだ。

稗貫農蚕講習所はやがて稗貫農学校、そして花巻農学校と改称された。大正10年12月から同15年3月までの4年4カ月間、宮澤賢治が教鞭をとったことで知られる。

賢治と言えば、大正9年の稗貫郡の土性調査の際、高橋剛が案内役として共に山歩きしたことがあり、息子の光に「俺は賢治さんのガイドをした」と度々、誇らしげに語って聞かせた。賢治も明るい演劇青年という側面があったから、歳は違っても二人は気心の通じるものがあったらしい。

剛の家は村の神主、いわゆる別当を務めていて「亀ヶ森田植え踊り」の庭元であった。剛が民俗芸能に関心をもつのは、いわば先祖の血が騒いで引き寄せられたということかもしれない。大正13年ごろに始めた民謡とわらべ歌の研究では、特にわらべ歌160曲を蒐集《しゅうしゅう》、民謡研究の第一人者、武田忠一郎を驚嘆させたという。剛が発掘した民謡も数多く、代表的なものに「しょがこ節」（玉山）、「なべこ長根」、「一寸ぎま」（「チャグチャグ馬っこ」の元唄）「田植え唄」（大迫）などがあり紫波町出身の歌手、松坂師郎に伝授した。また岩手県民謡協会の理事、県民謡保存会副会長を務めNHKのど自慢県大会の審査員を13回まで務めている。

高橋剛は民謡の研究家としてだけでなく、実演も得意で重宝がられた。昭和13年、東京三越ホールの民謡を解説する役として出演、昭和36年NHKの「民謡をどうぞ」で「田の草取り」「新穀」を放送したこともある。

また「一草庵主人」のペンネームで、岩手日報に論文、エッセイを発表している。校歌や音頭の作詞も心掛けて母校の亀ヶ森小学校の校歌、その他幾つかの小学校の校歌の歌詞、「湯元温泉小唄」「大迫音頭」「満州開拓音頭」「少年義勇軍の歌」「葛巻音頭」などの作詞もある。唄の題から想像するに満州開拓や義勇軍を熱く支持していたことも伺われる。

唄は必ずしも上手とは言いがたいものだったが、全国の民謡を面白おかしく歌って人を喜ばせた。そのため地域の人々にも「たかごうさん」と呼ばれ親しまれた。戦後、教師を務めた葛巻町の人々には地域の芸能に通じた愉快な文化人として愛された。

剛は酒が好きで酒を欠かした日のない大酒飲みで、飲めば一節歌いだす陽気な酒のみだった。それがたたった。昭和34年脳梗塞のため51歳の若さで半身不随となり盛岡の国立療養所に入院すること15年。それでも明るく「盛岡病院の主だ」と威張っていた。
昭和48年花巻の志戸平温泉に移り昭和50年、71歳で死去した。
16年にも及ぶ長い入院生活を送ったがこの間、民謡歌手の指導をしたりもした。

4　高橋光の半生――幼い眼で見た満州

高橋家が一家8人で満州に渡ったのは昭和15年、光は4歳だった。幼くて良く分からないが、両親の話によると、一家はハルピンに一泊して馬家店に到着したという。光はそれ以後、国民学校2年生、9歳まで5年余りを満州で過ごすことになる。

馬家店はハルピンを北上して綏稜《すいりょう》を経てソ満国境に近い奥地にあった。満州でも南の開けた地区に入った団は関東軍が現地人から強制的に買収したというが、ここはまだ開墾などなされていない文字通りの全くの原野だった。

光の生まれた亀ヶ森村は稗貫川をはさんで、四方を山に囲まれた小村だったが、それに比べ馬家店村はとてつもなく広大な平原だった。開墾した農地は肥沃な土地となった。入植した頃には、周囲一面にピンクの桜草が咲き乱れ、絵のような美しい眺めだった。沼があり魚が飛び跳ねていた。光は友達と魚とりや貝を取りによく出かけた。山菜も豊富で、動物ではノロ鹿が多く、オオカミやクマ、イノシシ、ハリネズミなどがいた。珍しいものとしては、道端などに背丈位の大きいアリ塚があちこちに立っていた。サッカーボールほどの球型茸も珍しかった。これは茶色の粉が飛散する茸で、食用にはならなかったが、珍しいものとして気を引き、学校帰りに面白がって足で蹴ったり、棒でつついて遊んだりした。春先には草原を焼く野火が物凄かった。夜になるとさながら仕掛け花火を見るようで怖いながらも楽しかった。

満州経験者が誰でも言うように、満州の広野の、地平線に落ちる赤い夕日の美しさは感動的だった。真紅に燃える夕日は大陸の風土と一つになって容易には沈まなかった。

満州はきれいな風景ばかりではなかった。冬の酷寒の厳しさはすさまじく氷点下30度になることもしばしばだった。粗末な住宅に暖房設備として干し草や藁《わら》を燃料にするオンドルが中心で、朝になると蒲団の襟に吐く息が氷になって張り付いていた。風呂もトイレも外にあった。降雪は少なく除雪作業は楽だった。寒さをしのぐためでもあろうか、大人たちはよく酒を飲んでいた。隣村とは10キロほども離れており、電気も、ラジオも、新聞もない文明や情報から隔離された陸の孤島だった。ただ電話と無線の設備だけはあった。医師免許を持たない医者モドキの人がいて診察していた。団員は将来を夢見て皆、一生懸命働いていた。今思えば、それが幸せであり、ユートピアだった。

昭和20年8月15日、敗戦を境に周辺は不穏な空気が漂っていた。満人たちが数人、部落の周りを遠巻きに偵察しているらしい、と大人たちは言っていた。その言葉通り薄闇の広がり始めた頃、満人の襲撃を受けた。馬上から奇声を発しながら発砲、大挙して数十人が押し掛けた。あらゆるものを略奪し放題。数回に渡ってこうした襲撃がなされた。開拓団の人々は財産は勿論、撃ち殺された人も多く出た。光の同級生も流れ弾に当たり即死した。見張り役の「来襲！」の大声に皆、列をなして土壁の外に逃げる。しかし馬賊に連れ戻されて拷問を受け、貴重品などの所在を白状させられる。

つい数日前までは、長閑《のどか》で平和な村が一転して恐怖の坩堝《るつぼ》と化していた。すでに銃などの武器は全部、「満警」に没収されており抵抗するすべもなかった。

光は今になって思う、「当時の日本人は関東軍が満州を仕切り、中国人を虐待する残酷な所業もあったという。南京虐殺やハルピンにおける731部隊の所業に対する報いとして敗戦の結果報復を受けるのもやむを得ない事だろうか…」と。しかし、それら残虐な行為をしたのは関東軍の軍人であって開拓民ではなかった。にもかかわらず、関東軍はいち早く逃げ、取り残された開拓民がそのツケを負わせられた。そこにも戦争の不条理がある。

10月11日、第二の故郷となっていた馬家店に住むことをあきらめて日本へ帰還すべく、全団員持てる限りの荷物を背負い、満警の警護に守られつつ綏稜に向けて出発した。ある部落では申し合わせで全家屋に火を放って出た。

途中、休息中に農家から水をもらいに立ち寄った。偶然にも光の家の苦力（クーリー。下層労働者、肉体労働者）で、父と親しくしていた人だった。「土地を貸すから、日本に帰らず、ここに残って働いてくれ」と強く勧められたが、父は丁重に断った。

10月23日、綏稜駅を無蓋車《むがいしゃ》（屋根のない貨車）に乗って出発した。女子や子供を中にして外側に男たちが囲んで脱落を防いだ。夜、駅ならぬところで突然停車。後方から満人がトロッコで乗り込み開拓民の持っている物品を強奪して去った。恐怖に身を震わせて言いなりになるしかなかった。

10月25日、ハルピン駅に着く。ここで10日間ほど花園小学校に収容された。父はここで思いがけない人に出会った。宮沢賢治の教え子であり、北上義勇隊の中隊長であった柳原昌悦である。父は柳原が亀ヶ森小学校に勤務していた頃、交流があり柳原を深く尊敬していた。その柳原の話によると柳原は隊員50名ほどを引き連れてソ連に使役されて働いているということだった。

11月4日、新京駅着。駅頭に集合し日本人居留民会（日本人難民救済会、略して「日本人会」と呼んでいた）の指示で、西陽区菊水町の元関東軍将校官舎に移動し、そこで越冬することとなった。ここで引き揚げるまで、食料や衣類の配給を日本人会から受けた。

こうして逃避行からひとまず落ち着くや間もなく、弟の充（3歳）、妹の紀子（1歳）が亡くなった。庭に埋葬した。シラミが大発生して発疹チフスが蔓延、寒さと栄養失調で死亡者が多発した。遺体は満人を雇って10体位を丸太のように馬橇に積み、その上に御者が載って郊外にある競馬場の臨時墓地に埋葬した。秋口にあらかじめ掘っておいた直径5メートルくらいの深い穴に死体を無造作に投げ込むのである。冬に亡くなる人が多く死体はすぐにカチカチ凍ってしまう。それを物置などに置いておいて10体位になった時、臨時墓地に運んだ。墓穴が一杯になると雪をかけて死体を隠した。夜になると野犬がそれを食い荒らす。満人がめぼしいものをあさる。金歯など探しているらしい。今、死体は凍結して腐臭などはないが、春の雪解け頃になったらどんな状態になるか。光は思うだにぞっとした。

寒い夜、マンドリン銃（円盤状の弾倉を取り付けた姿が楽器のマンドリンに似る）を肩に「ロスケ」（注ソ連兵。差別語であり現在使うのは適切でないが、当時、使われていた言葉として、そのまま使わせて頂く）が二人、三人組で襲ってくる。「マダム、ダワイ（女を出せ）」と怒鳴りながら女を探して連れていく。廊下などで平気で強姦行為をやる。「村長さん、助けてー」泣き叫ぶ女性は可哀想でならなかった。しかし、どうにもならない。白昼でも道端でも平気だった。避難民は皆、頻繁に押し入るロスケにおびえて暮らした。光は今でも満人の行為は許すことが出来てもロスケのやったことは許しがたいと怒りを覚える。それは少年時代に目撃した光景がトラウマとなって心の奥深くに焼き付いているからである。

宿泊した官舎には、シラミやノミ、南京虫が多く出た。病死者は多く出たが医療機関もなきに等しかった。暖を取るために同じ官舎内で薪泥棒が流行った。

厳しい日々が続いたがそれでも次第に生活も落ち着いてきた。しかし引き揚げの時期の予想さえ立たず生活資金を得る必要があった。人々は満人部落に出かけて女中や子守の仕事をしてわずかばかりの生活費を稼いだ。大きな助けになったものがある。豆腐と納豆の生産所が出来て生産も順調にいった。これは新京の日本人会や白百合洋裁店の津田徳治（津田は後に盛岡で白ゆり洋裁店、同学習塾を開き現在の株式会社「白ゆり」「教文社」の基礎を作った）の資金援助によるものだった。納豆や豆腐の販売は子供たちの仕事で新京在住の日本人住宅街に出かけて売って歩いた。納豆は軽くて楽だったが、豆腐を売って歩くのは大変だった。ブリキの一斗缶に入れて水を張り、一人あるいは二人で持ち歩くのである。一段売れるごとにその分の水を捨てて段々に軽くなっていくのがうれしかった。氷が薄く張っていた。

「ナットー、イカガデスカー」「トーフ、イカガデスカー」

光の胸には70年後の今もあの少年時代、新京で豆腐や納豆を売り歩いた時の声が耳に残っている。

ある日、仮小屋の並ぶ日本人市場で目撃した光景がある。ロスケ2人がマンドリン銃を振りかざしながら訳の分からないロシア語で怒鳴り散らしている。酔っているのか、狼藉はエスカレートし、にわか作りの粗末な店を壊し、売り物を蹴飛ばした。数軒の店が目茶目茶にされた。しまいには店の女を無理やり奪い去っていった。それに抵抗することもできずただ見ていた大人たちはどれほど歯がゆく、悔しい思いをしたことだろう。

「これが敗者ということなのか」光はそう思った。

誰が思いついたか知らないがコークス拾いなるものが流行り始めた。雪の解け始める4月頃でもあったろうか。女と子供ばかりである（男たちはプライドが傷つくのでしなかった）。駅裏の機関車に使った石炭殻捨て場であり、ボタ山になっていた。太い針金を曲げたひっかきばさみとコークスを入れる袋を持ち、何十人もの人が横並びに並び、掘り、選別する作業である。そうして朝から夕方までやって拾い集めたコークスを街角に立つ満人に売った。売る時は、大車（ダーチャー。二頭だての荷馬車）の側で、天秤ばかりを使って重さを量り値段を決める。それがまあまあの稼ぎになった。物資の乏しい中で、今思えば太い針金などのようにして手に入れたのか不思議だ。

難民となった開拓民も避難所での暮らしに慣れてきてやがて死ぬ人もなくなった。宿舎の共同生活も穏やかな、明るいものになってきた。生きる希望が確かなものとなってきたからである。新京は道路が広く大きな街だが、子供一人でも歩くことが出来た。ある時、光たちの少年のグループで石炭泥棒をしたことがある。薄暮れの頃、高等科2年のリーダーのもと、7人がいつもの場所に示し合わせて集合、暗くなって、機関区の石炭置き場で布袋に石炭を詰めて急いで引き返そうとした。すると突然、中国語で「シェイア（誰だ）」と言う声がした。「散らばって逃げろ」リーダーが大声で叫ぶ。皆脱兎のごとく逃げようとする。その後から発砲。あわてて貨車の下にもぐる。銃弾が耳元をかすめ、大車輪にカッチーン、キューンと当たる。命の縮む思いだった。

翌朝、いつもの広場に行ってみると、全員が無事だった。盗んだ石炭は全部捨ててしまったので結局は一文にもならず、うまく盗んだのにと手に入れられなかった石炭が惜しかった。楽をして得しようとして罰が当たったのだと思い知らされた。以後、機関区に行くのはやめてボタ山でのコークス拾いに励んだ。

ある時、新京の日本人会で青空学校が開かれることになった。机代わりの簡単な画板と筆記用具が無償で支給された。しかし青空学校は2週間しか続かず自然消滅した。たった5回くらいしか通わない学校だったが、同学年の友達と先生を囲んで勉強するのは楽しく、一年ぶりで、皆、わくわくしながら通った。

パチンコ遊びも流行った。木の枝や太い針金を加工してゴム紐をむすびつけて小石を飛ばす遊び道具である。満州はスズメが多くこれを狙い撃ちするのだがなかなか当たらない。それでも群れて止まっているスズメにタイミングよく打てば仕留めることが出来た。

ある時、他の少年たちのグループと睨みあいになり少し距離を置いてパチンコの撃ち合いとなった。相手は大阪弁のグループだった。4月中頃、柳原昌悦が父を訪ねて来た。行方不明の妻子を探しに新京に来て、10日目に妻と娘（次女）の墓を発見したという。一人生き残っていた娘を連れて、これからハルピンに戻る、ということだった。

宿舎の近くに中央軍（国民政府軍）の兵舎があった。5月のある日、晴天なのに遠雷のような砲声が聞こえた。だんだんと近くに着弾、炸裂の轟音《ごうおん》が響いた。伝令により外出禁止となった。夜になると人の大きな声と銃声がはじまりそれがだんだん激しくなった。市街戦だった。流弾で窓ガラスが割れた。みなびくびく、ハラハラで眠るどころでない。それでもいつの間にやら眠りについた。朝になるとすっかり静まりきっていた。しばらくして恐る恐る外に出て例の兵舎の傍に行ってみると門の衛兵が八路軍（共産軍）の兵士に入れ替わっていた。中央軍は敗走したと聞いて初めて納得した。すでに毛沢東率いる共産党と蒋介石率いる国民政府の戦いが始まっていたのである。

7月中旬、ようやく日本への帰国―引き揚げの指令が出た。皆、抱き合って喜んだ。それぞれ手分けして、満人部落や農家で女中などして働いている人たちを呼び戻しに走った。光も父の言いつけで、3人の子を連れていたという母親を連れ戻しに歩き回った。1人の母親が途中まで一緒についてきたが、忘れ物をしたというので引き返し、それっきり戻らなかった。満人の雇い主に引き留められたのか、あるいは道を誤り行方不明になってしまったのか、再度迎えに行くには時間の余裕がなかった。汽車が新京駅を発車するぎりぎりまで待ったがとうとう来なかった。光は、70年余り過ぎた今も、その同級生の母親が気になる。

昭和21年7月16日、日本に向けて新京を出発。前年10月11日、馬家店を出発した時は136名であったが、新京を発った時は、56名になっていた。激減したのは圧倒的に死亡した人が多かったからだが、途中、事情で別れた人、ソ連軍のためにシベリアに抑留された人、満人農家に雇われそのまま嫁した人もいる。

汽車は奉天、錦州を経て7月23日、葫蘆《ころ》島に着いた。翌24日、老朽貨物船に乗って出港。この感激は何に喩えられようか、皆、甲板に出て、第二の故郷、馬家店向かって大きな声を上げて手を振った。皆それぞれ複雑な思いが去来しているようだった。

7月29日、舞鶴港に着き停泊。検疫の結果、乗船者に赤痢（あるいはコレラか）患者あり、上陸不可となった。数日して、船は佐世保に移動した。船上では盆踊り大会や演芸会が開かれた。何度も検疫を受けたが保菌者は絶えなかった。9回目に晴れてパス。9月9日、ようやく上陸した。下船許可のスピーカーのアナウンスに大きな歓喜の声が沸き上がった。47日ぶりの上陸である。密室生活で栄養不足と疲れで心身、疲弊している人が多かった。下船してすぐにＤＤ

Tの粉を体中にふりかけられ、炊き出しのおにぎりを頂いた。母は栄養失調で極度に弱り、脚気と夜盲症を発症していた。ほとんど目が見えず歩行もままならず、光の姉の介助を受けていた。9月11日汽車に乗った。13日に上野着、14日石鳥谷駅に着いた。

だが母、ヨシノは間もなく親戚の家で息を引き取った。享年41歳だった。

帰国後、光は父が中学校の教師（代用教員）として勤務した関係で、葛巻町の江刈中学を卒業した。卒業後、直ちに就職。大工見習いやソバ屋など、いくつかの転職を重ねた後、25歳で向中野学園の事務職員として採用され38年間務めて（その間、昭和41年盛岡一高の通信制を卒業）、平成10年に定年で退職した。

光にとって満州は暗く、悲しい事ばかりである。理不尽な扱い、仕打ちを受けて恐怖におののき、心休まることとてなかった。今もなお70年も前の、8、9歳の日で見た色あせた光景が浮かんでくる。あの激動をどう潜り抜けたか、それが人間形成の上でどんな影響を及ぼしたかわからないが、決して良い影響を及ぼしてはいまい、と光は思う。

帰国後の学校生活も面白いものではなかった。日本人は意外に冷淡で「引き揚げ者」という差別語でののしられ、疎外されることがよくあった。小学校の転校を三度経験したが、その度にイジメにあった。ズボンを脱がされたり、帽子を隠されたりしたこともある。鉛筆を鋭く削って後ろから刺されてシャツに穴を開けられたこともある。「痛い！」と叫ぶと、先生に「光、何してるんだ」と叱られた。足を引っかけられて転ばされることもあった。そんな中で、光の神経もねじ曲がり3年生の時、ひどい吃音となり普通の会話すらまともにできなかった。6年の時は、あまりの悔しさに親分格の少年にかかっていったこともある。その後、いじめられることはなくなったが、総じて日本での学校生活は、親しい友もおらず、暗い思い出ばかりだった。

そんな中で光は思った。

「国策に応じて憧れて行った満州の夢破れて帰国してみれば、今度は同じ日本人の差別にあう。満州に行った日本人の方が心が広く温かかった、満州の方がよかった」と。

そうはいっても満州は余りに悲惨だった。光は満州のことなど思いだすのも嫌でこれまでほとんど語ったことはない。元北上義勇隊の中隊長柳原昌悦と同じ職場に務める縁で、滝沢市砂込で毎年行われる慰霊祭には車に乗せて案内したが、正直言って、いやだった。なぜ、あの暗い満州のことなど語るのか、懐かしんで思い出話などするのか、と思った。

しかし今になって考えてみると、柳原さんにしろ依欄《いらん》岩手開拓団（小川村、大川村、江刈村の3

村で結成された満蒙開拓団の一つ）の小森茂穂《しげほ》さん、茂如《しげゆき》さん親子にしろ、開拓連合会の掘忠雄さんにしろ、単に満州を懐かしむために集まり語り合ったわけでない。今思えば、亡き拓友の霊を慰め、満州の出来事を語り、次世代に継承するため、二度と戦争を起こしてならないということを伝える責任感、義務感に促されての語りであり、記録であった。それに気づいた光も今初めて人に自分の重い満州体験を語る気になった。それを駒蔵たちの主宰する「21世紀　日中東北の会」で語った。それを伝記風に書いたのが、今、読者の皆さんにお読みいただいているこの文章である。

2　北満開拓地脱出の記

高橋剛の「北満開拓地　避難の記」について

昭和20年、馬家店（マージャテン）開拓団は崩壊、高橋剛は家族と共に新京の難民避難所で辛苦をなめて昭和21年9月に帰国した。引き揚げの途次、奉天（現、瀋陽）で身の回り品の一斉検査があり、中国軍によって現金の所持額が定められ、高額のお金を持つことが禁止された。

それだけでなく中国軍は、日本人が書いたものを一切没収し、持ち帰ることを禁じた。つけていた日記も没収された。悔しかった。死ぬほど悔しかった。日記は高橋剛の貴重な引揚の体験記でありかけがえのない体験が詰まっている。

日記は没収されたが幸い、その日の出来事を詳しく書いた手帳は没収されなかった。記憶も生々しく残っている。高橋剛には自分の体験した、そして内地の日本人の知らない満州開拓民の労苦を人々に是非伝えたい、伝えなくてはならない、という一種の使命感があった。もう一度日記を書かなくてはならない。そう思うと矢も楯もたまらず帰国の船中でメモを取り始めた。船中では赤痢患者発生の疑いがあり、検疫にかかって上陸が長引き、船で過ごすこと45日間に及んだ。それが幸いした。剛は手帳を開いてそれを見て思い起こしながら書き続けた。記述は帰郷して、敗戦後の生活難、妻を失った悲しみの中でも続いた。

完成すると実家近くの亀ヶ森小学校からガリ版刷りの道具一式を借りてガリ版を切った。その原稿の枚数は恐らく原稿用紙にして70枚ほどもあろうか。素人の作品としては大作であり、体験したもののみが書き得る説得力がある。

ガリ版刷りの奥付は次のようにある。

昭和21年12月28日
元　拓務省嘱託　満州開拓指導員
満州開拓文化研究会北安委員　高橋剛
印刷　亀ヶ森村　川村慧

以下の文章は、その貴重な日記に手を加えてまとめたものである。文体を変え、内容も多少、取捨選択しているが、事実を尊重して、勝手な想像は加えていない。

なお、理解の助けにここで高橋剛の家族を紹介しておく。剛とその妻ヨシノ、長女の郁子（18歳）、二女の牧子（16歳）、三女の拓子（14歳）、四女の冴子（11歳）、長男の光（9歳）、五女の洲子《しまこ》（6歳）、二男の充（3歳）、六女の紀子（1歳）があった。このうち長女を除く9人家族が開拓団から新京（現、長春）での暮らしに至るまで行動を共にしている。

その1「脱出編」（馬家店からハルピンまで）

（コース）馬家店→黒馬劉→綏稜《すいりょう》駅前満林社→哈爾濱（ハルピン）の花園国民学校

昭和20年8月1日

今日より「2部落」(注)の土壁二重増築作業にかかれり。全団総動員にて女子40名、男子数十名、児童20名なり。召集にて夫なき女たちも重労働に大張り切りにて、国防婦人会も誕生、日ソ、急を告ぐとの警報に万全を期せり。北満の雨季は二日前より豪雨となり、水田班は第3部落に引き揚げたり。悪路と増水のため通行不能なるか、連絡員、3日前に黒馬劉に行きしまま連絡なし。土壁作業は雨を冒して挙行。夜、団長より今後の団経営に着き相談を受く。

(注)馬家店開拓団は4つの部落があり、最初にできたのは「水田部落」(1部落)、続いてそれぞれ畑や果樹を生産する「2部落」「3部落」「4部落」と呼ばれる部落があった。各部落は芝生を切って積み重ねた2メートルくらいの高さの土壁(野芝を切り取って積み重ねたもの)で囲われ、所々にのぞき穴があって外が見えるようになっていた。正方形または長方形で、四隅には見張り台があった。中に20軒ほどの家々があり、門には見張りがついた。暖房はオンドルで下にアンペラ(ヨシのようなもので縦横に組み敷物にした)をしいて靴を脱いで入った。乾いた草をオンドルの焚口でくすぶるように燃やして床暖房とした。

8月10日

警察署に行き日ソ開戦を知る。一瞬緊張、全身引き締まる。少しして「来《きた》るところへ来るなり」との諦めにも似たる落ち着きを覚ゆ。3メートルの増水を泳ぎて帰団せしは午後2時なり。

本部より、早急に土壁作業を終わり集結を完了せよとの指示あり。暴民の襲来に備へよ、とのことなり。当、馬家店地区はソ連国境わずか80キロの地点にあり、しかも落下傘着陸予定地と聞く。今日もまた雨。作業遂行、容易ならず。日ソ開戦の報に満人、本部苦力（クーリー）は反抗心むき出しにして日本の敗戦を言へり。それを鎮撫《ちんぶ》するも困難なり。7月中旬襲来する大暴風雨は、この地方一体の農作物を一舐《ひとな》めにして、蔬菜《そさい》もろくに食へぬ生活をしたるところに「ソ連来る」の報あり。「ああ日本負《やぶ》るる日近し」と予感したり。

8月16日

四海店（スーハイデン）警察署より連絡ありて減水したる諾敏河（ドビンホウ）を馬にて渡り10時出頭す。召集令状を受けて直ちに帰団。土壁増築も連日の努力にて完了、第2部落の広場にて祝宴を上げてをり。男子は地酒にて気炎を上げ、女子、子供は馳走を頬ばれり。その席にて早速、令状を配布したれば、完成祝い、一転して壮行会となるなり。明後日、13名が出発せば、20歳以上の男子はわずか7名となるなり。寂しき限りなり。

8月18日

出発したる13名帰る。停戦により召集解除とのことなり。遅れて来たりし畠山君、日系警察官の言にて、日本は無条件降伏せり、といふ。その真偽を怪しむも嘘にはあるまじ。腕を叩いて悔しがる男子、ただ泣きをる女子、大東亜建設も一期《いちご》の夢と化し、三千年の歴史も地に落つるか。かくて日本軍閥も崩壊の時を迎えしか。一夜、まんじりともせず。

8月28日

武器取り上げの命令あるも橋、流失のために延期しをりしが、本日公安局に行きて納付せり。朝、火薬爆発事件あり、4名負傷す。午後、団員全部で小銃80、弾薬1万、及び手榴弾など運搬す。夕方大雨、ずぶ濡れとなりて6キロの道を2往復し、夜8時に運び終わる。署長宅で支那酒を馳走になり、子らへの土産までもらひぬ。夜、入植以来初めて武器なき警備を置けり。

9月1日

珍しきほどの晴天。最後の例祭を挙行すべく4部落とも午前10時、全員集合、日本酒、赤飯、自慢の馳走、敗戦の面影もなし。宴半ばにて中国政府の接収員来たり。本部倉庫、家畜、大農具、現金などすべて接収されたり。お祭り気分もくじけたり。されど、やがて再び大盤振る舞いとなり、団長、幹部に至るまで相撲に興ず。相撲終はりて、皆、泣きながら飲み、泣きながら歌へり。これ丸6年、北満の開拓に全力を注ぎたる報いなるか。

9月5日

全員、土壁の完成したる第2部落に引越しせり。馬にて、牛にて、はた、子供を負ひて、寝具、食料を運搬す。暴民の来襲に備うるには、かく一カ所に集まる方、安全なり。一家に2家族入るも狭しとも感ぜず。今晩より警備は男子2名、女子4名とす。満鎌《まんかま》か槍《やり》（農具の満鍬《まんぐわ》をにわか作りに改造したもの）をもつこととせり。海倫（ハイロン）方面の開拓団、一般の日本人襲撃されて相当の犠牲あり、との報入る。

9月16日

秋晴れの好天気なり。朝食後、女子は第1部落へ蔬菜の取り残しを摘みに、男子は本部倉庫の残りの品を運ぶ。午後、鈴木訓導より「王栄廟方面より約百名の満人来襲！」との報あり。間もなく小銃、拳銃の音響く。直ちに逃ぐるも逃げ遅れし者、捉へられし者、息せききって部落の門に駆け込む者、腹部貫通のまま大車（ダーチャー、二頭立ての馬車）で逃ぐる者…避難警報と共に婦女子、老人を二道可子方面に避難させ、壮年の男子のみ残るも武器、人数において、とても対抗出来ず、遂に全員避難の命を出せり。逃げ遅れたる男子、後ろ手にくくられ、金品の略奪をほしいままにさせらる。小銃、拳銃、槍を持ちたる百の暴民はおのおの開拓団の家屋を荒らし、窓硝子を割り、倉庫を破り、本部の、また個人の衣服、家具、一切を大車に積み重ね、凱歌を上げて約2時間後に引き上ぐ。損害、現金20万円、日本馬20頭、満馬80頭、鮮蒙牛40頭、大車10台、布団及び衣類その他百万円。泣くに泣かれず、ただ呆然として避難者を呼び集め、幸い取り残されてありしコメにて寂しき食を取れり。「ああ恐ろしかった」と互いに語りをるに、突如、小銃、連射され、乗馬にて部落の門まで来たり「我は中国人なり」と叫びて去る。威嚇《いかく》のための来襲ならん。寝るに蒲団なく、一枚の作業着すらなし。泣きわめく子供を抱えたるこのありさまが、6カ年の開拓者の姿なり。そも誰の罪ならん。軍閥日本（注）の末路に巻き込まれた北満の日本人のこの姿を内地の日本人の誰が想像しうるや。

（注）近代国家では普通、軍部は政治に従属するが、日本では軍部が勢力を強化し、政治に関与したり独自の利益を追求するようになった。これを「軍閥」といい、これが昭和の政治、外交、戦争などの大きな問題点であったといわれる。高橋剛は早い時点で軍閥政治の過ちに気づいていたことを示す記述である。

9月20日

第7次東黒馬劉開拓団も、第3次瑞穂《みずほ》団も、諾敏河開拓団も襲われて、食ふに食なく、住むに家なく荒野にさまよひてをり、との報入る。第二次昭北義勇隊開拓団も真っ裸にされて、同県人の拓友を求め被服食料の無心に来たれり。当団としても何もなけれども、トウモロコシ、菜、豆など恵みてやる。夜、瑞穂村と王栄廟開拓団の代表者来たり、南下してハルピン、新京方面に行かんか、と鳩首《きゅうしゅ》熟議せり。帰国せんがためには南下して都市に行きて鉄道、船を利用すること肝要なり。

9月27日

連日、開拓団への襲撃続く。海倫（ハイロン）県10団、綏陵《すいりょう》県18団、ほとんど将棋倒しなり。被害団はそれぞれ集結し、現地に踏みとどまっているものは我々と諾敏河の2団のみ。先ごろ、瑞穂村を襲ひし二千の暴民は目下、王栄廟を包囲し抗戦中との情報あり。南下打ち合わせのため、畠山指導員、鈴木訓導、決死の覚悟にて出張す。敵に捕らえらるるも苦闘の限りを尽くして無事帰団せり。それによれば王栄廟本部を襲撃の暴民二千余、小銃、拳銃を持して一部落を占領、団員は持久戦にて健闘せり、とぞ。

瑞穂村は17日夜、襲われしが彼らの手を待たずしてすでに自決したる婦女子約600名あり。ああ、開拓10年、昨秋、日満提唱して開拓祭を挙行、その聖鍬を祝福されたる第3次瑞穂開拓村が一瞬にして昔の荒野に還れり。

ああ満蒙開拓者の一炊の夢をたれか知る。

10月1日

日本の敗戦をよそに素晴らしき青空なり。生きられるまで生きる、との望みなき望みなり。男子は魚釣り、女子は御馳走つくりに余念なし。「どうせ、真っ裸にされ最後に死ぬのだ」との思い誰の胸にも去来せり。自暴自棄の荒《すさ》みたる気持ちにて過ぐせり。王栄廟の各団は引き揚げ後の全財産を委譲するべく匪賊《ひぞく》と協定せり。
10月6日
期待してをらざりし南下問題、急速に具体化し始める。木橋、畠山両氏の活動のおかげなり。畠山氏宅で飲み、ソバを馳走になる。ソバ旨し。この大陸ソバも最後かと思えば万感胸に迫り、一同泣きながら飲み、食う。
午後、突如3、40名の暴民来襲。婦女子避難し、警備団、団員の協力によりついに撃退せり。
10月10日
本部より連絡ありて四海店公安警備隊のもとに綏稜《すいりょう》に出発することとなれり。6年住み慣れた土地、馬家店を去ると思えば、感極まりて誰一人、口を開く者なし。作り上げたる財も今は捨てて、数日間の食料と子供の着替えをリュックにつめたるのみの身の軽さ。10歳以下の子供50人、それを抱きたる婦女子が50名、いかにして60キロの行軍が出来得べきや。不安ながらも死を覚悟しつつ、この地に眠る30余名の拓友に別れを告ぐ。午後3時、団長統率のもとに馬家店を去る。ああ、山よ、河よ、我が家よ、永久にさらば。
途中、暴民の来襲を恐れて壮年の男子先頭に立つも何事もなく東黒馬劉本部に着く。6時なり。当団第1部落に一泊す。夜間、銃声聞こえ暴民の暗躍を知る。

10月11日

親日公安隊長、王氏の好意により、警護隊20名を付され、午前11時綏稜に向けて出発す。県内18個の開拓団の約半数、黒河省より山伝いに避難して来る青森開拓団数十名に、逃亡して来る兵隊を加えて、総数千五百名が、先頭に義勇隊・報国農場の若人を立てて故郷、日本への第一歩なり。男も女も、子供も、年寄りも皆、一様に後を振り返って泣くのみ。

出発と同時に当地の総合病院本部付近の押し寄せし暴民、実に二千余。皆、鎌、槍を持ち、大なる麻袋に肉親同志争ひて略奪品を詰め込む。彼等これまで、何一つ買へず、一枚の服の配給なく、ただ強制的に戦争に使役されたるものにて、日本人の残したる一枚の着物、一足の破れし靴にても珍しきならん。その心、共に暮らしてきたる我々なれば理解するを得べし。

秋晴れの天気の下、子供をなだめ、老人をいたわり、一足、一足無言で行進する我らは、死の進軍なり。

50日、700キロを踏破して来る青森開拓団は、飢えと寒さに、心身の疲労極度なり。蛇を喰らい、草をはみ、ミミズまで食ひて生き抜きて来たり、とて皮膚は土色に化し、目は充血。衣類は破れて麻袋を足にまきて歩行を助けしなり。

しかも出発当時、300名の団体が、現在わずか50名生きてをるなり。中には幼児を捨て、追ひつけぬ疲れたる子供を残して来しもあり。

かくのごとき悲惨、地獄を現出せしめたるは誰の罪ならむ。ああ、この苦しみ、そはやがて新しく出発する日本の鞭《むち》とならんか。

10月13日

予測せし途中の事故なく、無事、綏稜駅前満林社宅に着けり。3日間、60キロの長い道中を一人の落伍もなく頑張れるを共に喜び、警護の公安隊の中国人に深謝して各団より1万円を贈る。60歳余の病身の千葉養吉、最年少5歳の菅原信夫、6歳の高橋洲子（我が五女なり）あっぱれなり。先着の穂積村、四国郷などの各団を合流して、ここに県下18ケ団の集合を見、いよいよ3千名、南下の軌道に乗る。

10月15日

当地滞在3日目なり。今となりては中華民国に移譲せし満林工場に行きて男子は使役され、女子は木材片づけ、工場の清掃などして、その代償に燃料をもらひて共同炊事をなせり。

到着の夜、露軍巡察して時計、写真機など要求、若き女性の供出？ を迫る。3日間に2、3名の犠牲者を出せり。良人を戦争に送り、かわゆき我が子を抱きて苦しき労役に耐えながら守り通せし女の道、一瞬にして踏みにじられしなり。今日も赤い夕日が長閑《のどか》に暮れてゆく。意気揚々と入植せし7年前のあの当時の夢…。ただ子供らの元気なる姿を見ることのみ救はるる心地す。
6時、使役中の男子30名、貨車積み作業中拉致《らち》されたり、との報告あり。友らの身の上、気遣はる。
10月24日
本日午後、ハルピンに向けて南下することとなる。うれしき限りなり。精白せぬ粟飯《あわめし》を2日分持参して貨車に乗り込みしは4時、連日の疲労に子供を抱きたるままぐっすり寝込みたる母親たち、いかなる夢を見をるや。
10月25日
午前8時、ハルピン駅に着く。難民救済会の誘導により花園国民学校の収容所に入る。先着の牡丹江（ムータンチャン）、佳木斯（チャムス）方面の難民と合併、2万4千名となる。食糧は配給さるるも個人炊事のため混雑することはなはだし。今日の午後も名物のハルピン風、肌を刺す中、ムシロ、バケツ、マキなど背負い、子の手を引きて衰弱しきったる女たち4、5名来る。
10月30日
夕方、奇跡的にも柳原昌悦（注）に会へり。10年ぶりの再会を喜ぶ。柳原兄、現在、当所にて部下団員50名とともに仮宿泊してソ連に使役されてをるなり。夜、妻の羽織を売り子供らに豆腐汁と大福5つ買ひてやる。

（注）柳原昌悦は宮沢賢治の教え子で、小学校教師を退職して義勇軍に参加、中隊長として満州開拓に邁進したが敗戦によって崩壊、辛苦を舐めた。高橋剛とは亀ヶ森小学校に勤務している時、交流があり、剛は柳原を深く尊敬していた。

11月2日

救済本部の斡旋により撫順、西安炭鉱行きの志願者、続出。これまで行動を共にせし綏稜県内開拓団は皆、炭鉱行きを希望し本日出発となり数年来の友人、知人ここで別れ別れとなる。黒馬劉の岡崎、王栄廟の寺沢、予土阿の岡田ら涙を流して我がもとに来る。再会を約して元気を装ひて別る。友よ、永久に健やかなれ。

我が馬家店開拓団のみ、瑞穂村の一部と共に新京市（現、長春）にて越冬することとなり明日出発と決まる。

その2 「遭難編」（ハルピンから新京へ）

11月3日

明治節（注）なり。午後8時、新京に向けて、ハルピンの花園国民学校に設けられたる収容所を出発す。同道したる瑞穂《みずほ》村の菅野訓導婦人（世田米《せたまい》）、3人の子を伴い無理な行軍に難儀せるを見かねて、両手の鍋を持ちてやる。婦人に幾度も礼をされ恐縮す。10日ほどに及ぶハルピンの生活は多くの栄養不良者を出せり。幼児の栄養不足、乳不足深刻なり。貨車の都合にて午後4時出発となる。

(注)明治節は旧制の四大節の一つ。11月3日、明治天皇の誕生日で昭和2（1927）年に制定され昭和23（1948）年に廃止された。現在の11月3日は文化の日で、自由と平和を愛し、文化を勧める日とされ、その意義は異なる。四大節とは四方拝、紀元節、天長節、明治節の総称。

無蓋《むがい》（屋根のない列車）の一両に約40人の詰め込むは危険なれどやむを得ず。すし詰めとなり、子供を中に置きて人枠を作る。寒さに眠れぬまま、故郷を思ふ。7時頃（時計は取り上げられて誰も持ちたる者なけれど）列車、徐行せしが突然、駆けつけたる暴民十数名、我らが列車に乗り込み、凶器を突き付けて、リュックサック、風呂敷など手あたりしだいに略奪す。一同、子供に怪我なきことを願ひつつ傍観するのみ。しばらくして彼等、闇の中に消えたり。恐らく他の車両にても似たような状況ならん。

列車、速力を上ぐ。11時ごろならん、寒さと不安に震え居りしが再び徐行す。「またか」と思ひし間もなく、20数名の暴民、列車に飛び乗り、略奪を始む。携帯品なきため、女より帯、ネンネコ、男よりメリヤスのシャツ、靴、服まではぎ取る。ああ、ついに素っ裸。我はただ一つの眼鏡まで奪ひ取られたり。されどオムツまで奪われたる母よりは幸ひならん。相続く2回の来襲に負傷せずして新京に近づくはせめてもの幸ひなり。「命さえあれば何とかなる」と、寒さに泣く女、子供を励まして夜明けを待つ。

11月4日

午前3時、つひに目的地の新京（注）につく。満州国建国十年、東洋の中心地として誇りし首都なり。されど敗戦と共に、その面影の無く死の都と化せり。

㈱新京は満州国の首都。昭和7年、満州国の建国宣言がなされた時、その首都として長春を新京と命名、満州国の首都とした。帝政を施行、皇帝溥儀《ふぎ》の宮殿、満州国皇宮（皇居）があった。現在、「偽満皇宮博物館」（「偽」に注意。中国政府は満州事変から現代にいたるまで一貫して満州国を認めていないのである）として公開されている（関東軍司令部、満州国国務院などの重要建造物も同様に保存され日本の大陸侵略の証となっている）。

昭和20年8月18日、溥儀が退位して満州国は滅亡、新京は8月20日、赤軍（ソビエト連邦軍）に占領され軍政下に置かれ、同時に旧称の長春に改称された。

新京は日本人移民を含めた満州各地からの移住者によって繁栄、人口も1932（昭和7年）約13万人だったが、1936年30万2千人、1940年55万5千人、1942年65万5千人と増加、1944年には、86万3千人となり、奉天（現、瀋陽）、哈爾濱（ハルピン）に次ぐ満州国第3の大都市に発展した。高橋剛の日記は日本の敗戦後の新京を知る貴重な証言ともなっている。

日本人会本部の誘導にて室町国民学校収容所に入る。茶碗も箸もなく、鍋代わりに鉄兜の廃品を、食器の代わりに缶詰の缶を用ふ。

北安（ペイアン）にて働きをる次女、牧子、消息不明なりしが、偶然にも、当市にて無事過ぐせりといふ。妻子らと共に喜ぶ。

11月5日

駅前の児玉病院を訪ふ。看護師として元気に働く牧子に会ふ。熊谷院長、吉田博士その他の人々に篤く礼を述ぶ。

帰途、吉野町の市場を見る。8月までは満州一の繁華街なりし吉野町も中国人、日本人の露天市場となり、雑踏の群れの数、幾万とも知れず。その中に売る物資の豊かさ、高価なることに一驚す。身に着けし着物売りて子等に食を与へんとする親多く、日ごとに栄養不良、寒さに苦しむも癒すすべなし。

11月10日

西陽区菊水町の元関東軍官舎に移動す。官舎は8畳の座敷、6畳の応接間、6畳の居間、4畳の子供部屋、他に台所、女中部屋あり、廊下をはさんで風呂場、便所共に、間取り良く作られ、保温は丸ペーチカなり。この素晴らしき住宅に比して草と土で作られたる我らが開拓団の住居の貧しさよ。ここにも誤れる軍国主義政策を見る思ひす。

かくも素晴らしき住宅ながら、畳なく、扉、押し入れ破れたるは、付近の難民、薪《まき》にしたり、売却したりするがためなりといふ。幸ひにして窓ガラスあり、水道にも異常なくて、越年するも可能ならんとも。食料は日本人会支部より配給あり、貧しくとも皆一丸となりて越冬、帰還までの安心して暮らす住居得られたり。安眠す。

11月15日

これまでの無理が祟りしか、はた、落ち着きたる安堵のためにや、栄養失調者急増す。乳幼児を抱く母に乳なく、子供に与ふべき滋養物なく、毎日、高粱《こうりゃん》、粟《あわ》の常食にて、野菜不足により病人、続出。我も弱りたる次男、充を背負いて、三女、拓子と共に児玉病院に行く。栄養不足にて危険とのことなり。院長に頼みて拓子を見習看護婦として今日より、住み込ませたり。同時に吉田コマ、渡辺ミノ、千田イネの3名も付き添ひ婦として頼む。牧子とは往診中とて会へず。充の病のため、妻と共に不安なる一夜を過ごせり。

11月19日

息苦しがる充、午前4時、ついに死せり。五歳以下の子供、6人死せり。親切なる日本人会より派遣されたる医師、毎日往診手当してくれしも、極度に衰弱しきったるため、栄養物を取れぬために、ただ見殺しにせり。8人兄弟中、一番の元気者の充、僅か4年の生涯を終ふ。

11月25日

連日の死亡者続出に呆然《ぼうぜん》とす。当官舎に入ること2週間、すでに十数名、死せり。1歳の六女、紀子、衰弱はなはだし。されど、幸ひにして母乳も豊富にて、よもやと思ひをりしが、午后になりて急死す。一週間に二人の子を失ひし悲しみ、筆舌に尽くしがたし。8人の健康なる子を得て、「県下唯一の子宝部隊なり」と副県長より激賞されしは昨年。今、妻、残れる子供たちと共に心ゆくまで泣く。かくのごとき親、新京に数万人。せつなきながら諦めるよりほかなし。現在、病に臥すもの50名、大人はほとんどが発疹チフスなり。

11月26日

六女、紀子を葬るために、朝食後、日本人墓地へ行く。病院より二女、牧子、三女、拓子も来たり。線香の一本もなく、供物もなく、着たままで葬らるるは哀れなり。ただ合掌するのみ。

12月1日

団長と小原氏の退職手当も全部使い果たせり。あとは新京の日本人会にすがるより他なし。今日の死亡者、6名。大いなる希望を描きて大陸開発に邁進せしに、今空しく秋の木の葉のごとく散る。この尊き霊に対して毎日読経す。

12月15日

今日、11人の死者あり。泣くに涙も出ず、死者、日課のごとく無表情に規則的に片づけらる。11人の死体を11人が背負ひて日本人墓地に行きてみれば、北の町から、西の社宅から長蛇のごとき死の行列なり。日本人避難民、当市に入り始めてより、約3割まで死亡するならんと て、この墓地に4万の穴を掘りしが、11月末、すでに2万を埋め、今月末には残りの2万で不足となるらむ、とは管理者の言なり。墓の帰りにソ連兵に追ひかけられし悲しき母あり。この生き地獄、いつまで続くならん。

肌《はだえ》泡立つ寒さ、今朝はマイナス28度なりと。

我、体調悪く、いつの間にか意識不明となる。

12月25日

15日以来、10日間、全く意識不明にて病臥、発疹チフスにて40度以上の高熱続き、うわごと言ひて重体なりしとか。病院より駆けつけたる牧子、拓子姉妹、付ききりで看護、果物、牛乳と心づくしをしてくれき。子の有難さに涙す。この10日間、約50名死亡せしといふに驚く。夕方、無理に起き上がりて、約2キロの児玉病院に受診に行き、副院長にその無謀を叱らるる。牧子、拓子、泣きて全快を喜ぶ。

12月26日

入院中の遠藤哲之助団長（藤沢町出身）、ついに午後、逝去せり。入植以来、満7年、よく語り、よく飲みたるただ一人の友、長男を海倫（ハイロン）農学校に葬り、内地の家族と音信不通一ケ年、悲しみを隠して常に明朗に全団を統率、内地帰還を待ち続けをりしに、ついに半ばにして倒るる団長の心中いかばかりかは。団長よ、冥福あれ。

12月28日

団長以下68名の死者。１３０余名のうち約半数の死者なり。残りたるものは、この悲しみを突破し、内地の人々に報告し、新生日本建設の福音となることを誓ふべきなり。夕方、団長の葬式を行ふ。

12月30日
盛岡出身の津田徳治氏（注）、岩手県出身の開拓民の救済を思い立ち、その具体的打ち合わせを同氏宅にて開催。津田氏より第一回救済として10万円を出しくるる。この恩恵にあづかるもの約600名。有難き極みなり。

㈟津田徳治は盛岡市出身、明治大学を卒業後、昭和9年、満州に渡り、新京で妻と共に白ゆり洋裁店を経営、40人の従業員は日本人ばかりでなく満人、朝鮮人も半数はいたという。帰国後、盛岡で洋裁店、学習塾を起こした。

昭和21年1月1日
感慨無量なる元旦なり。午前6時マイナス31度。市場も休み、市内に日本人の影なく寂しき日なり。津田氏の好意にて、白米配らる。数カ月ぶりのコメの飯なり。小さきとはいえ塩マスまで配給され、貧しきながら元旦らしき喜びを分かち合ふ。市内に住み込み中の畠山作之進君が日本酒持参、大分、活が入る。生き残る65名、元気で互ひに生きぬかん、と誓い合ふ。久しぶりの笑顔あり。

1月10日
藤根勝美君（元大康公司新京支店長）を訪問。数年ぶりで歓談。いろいろ馳走になり、帰りには食器、衣類などを頂く。同君も岩手県人の救済を図り、目下、困窮者を集めて雪靴、草履《ぞうり》造りをさせて居るとか。津田氏と共に奇特の人物なり。帰途、我が姿のみすぼらしきに同情せしや、ソ連将校より10円恵まる。これにて子供らにマントウを買ひて帰る。

1月23日

高橋文三君を宝清路に訪ぬ。昨夏、疎開中の家族も無事帰りて親子4人楽しく、食堂2店を経営、繁盛して居り。羨ましき限りなり。故郷の話やら戦後の思ひを語りあふ。昼食にて同君得意のトンカツを馳走になる。その上、湯飲み茶わんなど貰ひて帰る。篤き友情に今更のごとく涙あふる。

2月1日

妻は四女と共に薪拾いに行く。長男と五女、タバコの空き箱で作ったトランプに興ず。我は手作りの飯台に寄りかかりて脱出当時のことを思い起こせり…暴民の略奪に遭ふこと4回、凌辱を受けたる女子何名あらんか、栄養不足と発疹チフスでと倒れし者70余名、現地出発の際、136名なりしが、今わずかに60名、各方面の救済にすがりてここまで生きてこられしなり。コメの無き4カ月、野菜の無き3ケ月、キラズ（おから）で3日間暮らしたる苦しみ、全く感慨無量なり。健康回復とともに中国人のところに住み込む男女増して、だいぶ楽になってきたるなり。

2月15日

新京も日本人生活難時代なり。路傍でタバコを売る子供、駄菓子を売る女、おでんで客を呼ぶ男など、終戦後の新京に大市場、数カ所開設され、日本人同士の共食ひ戦線の如し。一日働きても50円内外の収入にては一家を支へること不可なり。可哀想と思ひつつも、12歳の娘に豆腐を、9歳の長男に納豆を売らせ、我は草履を作りて生計を立てたり。二人の子には平均40円の収入あり、我は一日、草履を7足作りても一足6円で42円、あはせて計82円の収入にて親子6人、到底食っていけず。いかにして生きゆかんか。

3月3日

桃の節句。正月以来準備中の豆腐加工場、いよいよ今日より操業。日本人会と津田氏の援助のたまものなり。「岩手の豆腐」と開業広告にいだす。主任に菅原繁雄君、従業員は子供のある女、つまり住み込み奉公の出来ぬ者が交代に当番として働き、一日5円を払ふこととす。7割は支部へ収めたるが、残りは売品として子らが売り歩く。これにて暗闇に曙の光射すがごとく、我が団の生活を潤すこと甚大なり。夜、開業を祝して一同に豆腐配りて、男子集まり喜びの高粱《こうりゃん》酒を飲む。

3月18日

正月半ばより風邪気味で休んでをりし次女、牧子、腸チフスと診断さる。1月ほど安静にし大分快方に向かひしが、わづかの油断から再び悪化、重体となる。院長、広埼先生、佐藤元婦長、須藤産婆様などの手厚き看護に心から泣けてくる。昏睡状態が続き、かすかに口を動かしては「父ちゃん」と呼び「日本へ帰りたい」「姉さんに会いたい」と叫ぶ。せめて内地にいる長女に一目だけでも会はせたしと思ふ。されど間もなく「絶望です」と佐藤元婦長に告げられる。

3月19日

母の手に抱かれて死ぬこと、子の一番の喜びと思ひて、朝6時妻と交代のため帰る。三女、拓子はほとんど一睡もせず付き添ひ、若き姉のために働くを見て、親の我もただ泣くばかりなり。長男と五女を連れて近くの神様に行き「牧子が救われますように」と祈願す。

3月20日

朝食後、妻、病院より帰る。夜半、にはかに容体急変、「父ちゃん、姉ちゃん」と叫びながら午前2時、ついに絶命せしとか。ああ、17歳の若さで、あれほど元気なる牧子、なぜに死せしや。

10歳の時より童謡放送で美声を讃えられし牧子、今は無し。

病院に行て院長先生他に厚情を謝し、さっそく入棺、病院勤務者皆、出席してしめやかに告別式行はる。飾られたる花、供えられたる賜物、皆、恩師先輩、友人のおかげなり。それに比し親として何一つなし得ぬ我、情けなく皆に会はせる顔もなし。牧子よ、許せ。

3月24日

牧子の棺、午前10時、日本人墓地に着くため、長男と五女、同伴で墓へ行く。3台の馬車に山のごとく積まれたる死体の中に白木の棺一つ光りて見え、その傍らに墓標を持ちたる拓子、座りて居り。病院の好意にて白木の棺に納められたる牧子うれしからん。春とはいへ、まだ草も芽を出したばかりなれば花とてなし。五女の洲子《しまこ》、去年枯れたるヨモギを折りて墓前にさすも痛まし。

四方の穴、埋められ、新たにまた何十かの穴、掘らる。よくもかくまで、死ぬるなれ。帰宅して仮の仏壇に3つの位牌を飾りて、親子6人、静かに合掌す。

利口なりし紀子、元気なる道化者の充、師と友に愛されし牧子。ああ、汝らも、戦争の犠牲者なり。

4月1日

ソ連兵近頃少なくなるは、ハルピンに引き揚げし故ならん。病人や老人、子供に果物、パンなどを呉るる将校もありて、その情けにすがりし者も少なからず。ソ連軍の撤退は日本人に安心をもたらさず、むしろ今後の治安維持にあたる公安局への不安をかきたてたり。

近頃、我が団の豆腐、好評を博し、てんてこ舞いのうれしき悲鳴を上ぐ。住み込みの女らも元気にて頑張って居る由。

最近、石炭拾ひからコークス拾ひに転じたる者多く、一ケ2円の石炭に比し、一ケ50銭のコークスは、量においても3倍も拾ふこと可なりと。また無尽蔵にあるによりて、工場、機関区付近は、毎日、何万といふ群衆集まるといふ。

その3　「苦闘編」（新京での暮らし、帰国まで）

4月8日

馬家店開拓団内70余名の霊を慰むべく大追悼式あり。市内外に住む者、豆腐工場に働く者全部休み、生き残りたる60余名、久しぶりに一堂に会す。山田氏のしめやかな読経、畠山氏の追悼文、来賓橋本班長の弔問あり。我も遺族を代表して謝辞を述ぶ。焼香に続き午后より、小宴あり。しめやかに悲しき思ひはあれど、過去8カ月を生き抜いてきたる上は、勇敢に、明るく生きぬかん、と元気いっぱいに合唱せり。70の霊よ、安らかに眠れ。

4月10日

亀ヶ森の伊藤芳雄君、昨秋、ハルピンにて別れし柳原団長を同伴す。久しぶりの歓談あり。柳原君は妻と長女の行方を探さんとして新京に来たるなりとか。彼等、一刻も早く再会せんことを。

我が四女、冴子、一週間前より中国人宅に子守として住み込む。食はしてもらひて五円なり。ろくに食えぬ生活から逃れて支那料理食えるを喜びたる12歳の娘、哀れなり。親として情けなし。長男、光、納豆の売れ行き悪しとて、コークスを拾ひ始め、20円以上の収入あり。妻も豆腐の非番には長男と共に行きて4、50円働く。コークス拾ひにて女子供の収入を得たること、驚くばかりなり。これにて生活に多少のゆとりも生まる。

4月15日

昨夜来、砲声、銃声ありしが、朝になりて見るに、近くの兵舎の様、一変せり。聞けば、毛沢東の率いる八路軍、新京を攻撃し、占領せしといふ。あっけなき戦火なり。全市は中共軍の施設となり昨日に代わる今日の慌ただしさよ。ソ連軍、引き揚げ後の新京は、かくして中共軍の支配するところとなれり。

4月20日

今日より当地区にも日本人教育機関とて菊水塾を開設す。長男光と五女、洲子通学す。柳原団長は妻（注）と次女との墓を発見、唯一人生き残りたる長女を伴いて、明日ハルピンに帰るとて、別れの挨拶に来たり。実に気の毒なり。

(注)柳原の妻は日本にいた頃、小学校の教師を務め、夫の渡満を積極的に促したともいう。満州では朝鮮に渡り教師として働いていた。休日には柳原の官舎に来ていたが、敗戦の混乱のなかで別々になってしまった。新京までたどり着いたが、そこで娘と共に病死したと思われる。

4月30日

中国人の家に住み込みせし四女、冴子帰りて、コークス拾ひをして居りしが、高橋喜三郎君、菊水商店を開くによりて店番として勤務を始む。高橋君は10数年来、支那、満州にて警察官生活を送り、地位を得たりしが、今では3児を失ひ妻と二人きりの寂しき暮らしなり。しかるに如才なき機知と巧みなる商法によりて菊水商店大繁盛なり。他人事ながらうれしき心地す。

午後、外出したる間に元北安の乃木商事、乃木牧場主の佐藤潔氏（平泉）来訪せしと言ふ。会へざりしこと無念なり。同氏も妻と長女を亡くせしと言ふ。土建業、機械業、畜産業に北安市の中堅として同氏の活躍、有名なり。2、3年前に栄養問題解決のため100万円を投じて牧場を開き、いまだ完備せざるにこの終局。岩手県人のために力を惜しまざりし氏の心境やいかに。

5月5日

西陽地区の先駆けとして第8班主催の14組総合甦生演芸会を元の満鉄クラブにて開催す。定刻前すでに満員。60のプログラムにて一日がかりなり。満鉄青年の楽団、佳木斯（チャムス）芸妓の日本舞踊、花柳一家の出し物、大阪出身の湊谷夫妻の漫才、歌謡曲のミス日の丸など、玄人はだしの素晴らしさ。我もまた、40になったら断然辞めるつもりでありし好きな芸事、最後の舞台と思ひて、得意の漫芸を演じ、特等に入賞し有名になる。

夜、賞金にて、支那酒と肉を探し求め、久しぶりに家で豚汁を食ふ。まさに「芸は身を助く」なり。

5月16日

婚礼あり。畠山君と二人にて、秋田出身の佐藤氏へ菅原未亡人（岩手）を世話したるなり。御馳走になりて帰宅を忘るるほど酔へり。

毛沢東の中共軍、我が班より使役を求めたるなり。20名を出せ、とのことなれど1名足らず、率先してこれに参加す。

5月17日

午前3時、苑家屯に着く。中共軍の指示にて、駅前クラブ（空き家）にて朝食。間もなく砲声響き、爆音迫り、流弾物凄し。一行、外にとびだして聞くに、蔣介石の中央軍、約3キロ先まで進駐して来たり目下、中共軍、敗走中となり。直ちに中共軍事所に行くも逃走後にて影もなし。その巧みなる敗走ぶりに一同、唖然とす。

化かされたる心地してをるに中央軍堂々と進駐して来たり。中共軍占領前後の中央軍と異なり、軍の規律整然としたるを見て、これ米国仕込みの正規軍と感心し拍手にて迎ふ。

我等使役部隊代表は中央軍本部を訪れて事情を述べて指示を乞う。

「中共軍は追へどもお前たちは追はぬ。安心して我が隊と共に新京に帰れ」と温かき言葉。一同、大喜びにて直ちに進駐軍後尾に付きて出発す。中共軍の使役変じて中央軍の出迎えとなる。くすぐったき心地せり。

夕方、新京より南方10キロの地点に来たるに、中共軍、頑強に抵抗し猛烈な激戦となる。前進不能との将校の言あり、少し退きて大屯の鉄道社宅に一泊す。今日の戦闘に路上に横たわる中共軍の屍を見て戦争の恐ろしさに戦慄す。一晩中、銃声あり、まんじりともせず。

5月18日

未明、中共軍全部、新京を捨てて退却したれば、中央軍は堂々、新京に入城す。かくのごときに慣れたる一般市民、早速、中華民国国旗をうち振りて大歓迎す。部隊の末尾にリュックを背負ひて従ふ日本人1千余名を中央軍使役と思ひてか、市民は「多々謝々」と迎へくれたり。日本人大いに照れる。

かくして新京の都はわずか中共軍一カ月の施政にて再び中央軍に帰す。中共軍より受け取りたる前渡金300円はこの政変により木の葉同然となり、結局、3日間、無駄奉公となれり。これまた敗戦ナンセンスか。

5月20日

コークス拾ひもほとんど掘りつくし、今では道路、線路上まで掘りて警察の注意を受くる者さへあり。このコークスにより生活しえたる難民数万人、動いた金は数百万円に達するといふ。嘘のごとき信じられぬ事実なり。

とにもかくにも、生くるためにはいくらでも新しき仕事が発見さるるなり。今日より中国人部落に冷蔵庫造りに出かけたり。一流食堂にて働くため、食事は良く、賃金をもらうは申し訳なし。一日、食事付きで百円、中国人を頼めば2百円とか。現在の日本人はすべて彼らの半額なり。敗戦とともに日本人の価値もかくまで低下せり。

5月30日

冷蔵庫造り、昨日で終了。日下、農家の第一回除草期のため、一日100円で何処にても働ける。されど、この暑さ、日差しの強さでは40歳を越した身には無理なり。妻もまた出来るだけ身体は大切にすべしと言ふに、別の仕事を探しに出かけるも適業なし。

6月5日

今まで我団の共同生活を援け、本部活動資金を補ひし豆腐加工場は今日をもって閉鎖せり。日増しに暴騰する大豆と燃料のためなり。また喰らうべき食糧に追われ一日15円にて働く者少なくなりたるためなり。彼等多くは一日10円ないし20円で雑役婦として住み込むなり。

新京の街頭は今日も職を求める人の群、溢れたり。幸いにして仕事にありつけば、男子は7、80円、女子は3、40円にて雑役に働くか、仕事なき時は、ただ空腹を抱えて寂しく帰るのみ。町は屋台店と衣類の売買にて、どこもかしこも大混雑、日本人同士の共食い状態。されど売る物もなく、買ふ物も買へぬ我々避難民は一日、一日生きのびるためには、いくらかでも働かざるを得ず、毎日、街頭に立つなり。

6月20日

日本人会の指導部の斡旋により、今日より日分（日本語の新聞）『前進報』に勤務することとなる。中央軍進駐後の新京市は、日分新聞は『前進報』『中央新聞』を出し、他に日僑俘より『京北導報』

をいだせり。目下、『前進報』の某氏ハルピン出張中にて、約2週間の予定にて、その後釜の校正に回さる。20何年振りの仕事なり。午後、中央軍と中共軍の停戦問題にて米軍将校2名来社す。帰宅の途中、中山公園にて中央慰問日本演芸を見る。

6月25日

午後、前進報主催の「民主日本建設座談会」を本社応接室にて開く。徐社長、司会にて日本人20名、中国人10数名集合。「日本文化の向上」「統制経済問題」「生活の民主化」「日本民族の再検討」など、日本再建につき話尽きず。日本人側より、関東軍上層部の終戦前における独断逃走を異口同音に非難。中国人側の失笑を買ふ。情けなきことなり。最後に張政治委員の巧みなる日本語にて「民主主義とは如何」との講演あり、5時過ぎ、散会す。

6月30日

ハルピン出張中の記者2名帰る。目下、ハルピン市は中共軍の施政下にあるがため、日本人の内地帰還の噂もなく、約10万人の日本人、日々、失業と生活苦にあえぎつつ路頭に迷えりといふ。

これに比し、当新京市は急速に帰還問題が具体化、今日午后、平山日僑主任が来社、中国政府に感謝を表せり。近々中に輸送開始になるかと思わる。

7月3日
『前進報』を解かる。わずか2週間の勤務なれども、それより得たるものは大きく、デマの国、大日本帝国を真正面より見直せるだけの情報を得、かつまた第三録音室にて祖国の現状を知りたるは素晴らしき収穫なり。

7月5日
今日より四馬路の建築工事に行く。あまり良き仕事にはあらざれども目前に迫る帰還準備金を得るためには、日を並べて働くより他なし。仕事は煉瓦積み、セメント塗なり。終戦前、満州国警官なりし李陳山氏が50万円にて鉄工所を建設するなり。満州国消滅と同時に中国の要人、にわか成金となるは日本の敗戦の生んだ一得ならんか。日本遊歴したこともありしといふ李氏、流暢《りゅうちょう》なる日本語にて「日本はこれから出発すべきである。そして中国を中心とした建設に協力すべきである」云々。

7月10日
様々のデマに揺れし日本人内地帰還問題も急速に進展、我が西陽地区は15日より輸送開始と発表あり。そがために市価、にはかに急騰、梅干し一斤150円、乾パン一斤200円となり、衣類のごときは売るに安く、買ふに3倍の高値となり、地下足袋350円、子供シャツ300

円といふ天井知らずの暴価。

されどせめて我が子にはさっぱりとしたる服装をさせんといふ親心、無理をして準備する者多し。それゆえ一人1千円までの所持を許す有難き中央政府の親心あれど、100円も持って行けぬものも出できたり。管理者より「同じ日本人同士、助けあって出発して下さい」との指示あれど、これ不可能ならん。出発近くなりて300円の日本酒に豚汁、一斤120円の白米や一斤300円の砂糖で贅沢するもの、あまた出できたりといふ。日本人の個人主義もまた徹底したるかな。

7月13日

内地帰還のため、住み込みしている男女帰り始める。我等も昨日で建築作業を打ち切る。朝食後、児玉病院に行く。二女、三女、共に非常なる世話になり、今度三女、拓子が退職して児玉病院より一足先に帰還するゆえ、その厚情を深く謝す。松田事務長より弔慰金を贈られまた新たなる感謝の涙にむせぶ。

7月15日

いよいよ明日出発なり。朝食後、一同、最後の墓参に行く。大陸の土と化した、幾万の英霊よ、永久に安らかなれ。

午後、携行食品を買ひ出しに出かけたり。

日本人のすべて引き揚げし後の新京を思ひ浮かべて、如何にさびれることかと思う。日本人の大陸進出は、只に軍閥日本の侵略のみならず、中国発展のためにも一役買ひたるなり、としみじみ思ひ起こしたり。

今夕は最後の夕食につき、同居せし深田君の買ひたる豚汁、拓子の持参せし生魚にて一杯飲む。いよいよこの家を去ると思えば、感極まりて、常になく妻、子供らも悄然としたり。

生き残りたる現在の我が団、総員は56名、その内、中国人の妻として（希望して）居残る者、11名を除けば、わずか40数名なり。

残留希望の女子、果たして何を求めしゆゑならん。「日本では食えない」「日本人は帰る途中、殺される」などのデマ信ぜしゆゑならんか。ともかく、これまで長きにわたり共同生活をしてきたる11人の女を残したること、気にかかるなり。彼女ら、夫を戦地に送り、その生死も判明せぬというに。ある友人曰く「大和魂が残っても、日本婦道が失はれた」と…

明日の出発を控へて、一同興奮、一夜落ち着かず。

その4　北満脱出の記　生還篇

7月16日

早朝に食を終はりて出発命令を待つ。一ケ大隊は八ケ中隊、一ケ中隊は四ケ小隊の編成なり。我も幹部の一人に推されて、赤筋の腕章を付されたり。

午前10時、整列を終はりし第11団（第二十、二十一大隊）2千5百名、長蛇の列を作りて南新京駅に向けて出発。酷暑の中を子供を連れ、荷物を背負って約5キロの行進。街で見送る中国人、手を振りて名残を惜しむあり、侮蔑の目であざ笑ふあり。東亜建設に協力のため残留する技術者、満鉄、電電、電業の人ら、約1万5千人、彼らは路上に駆け出し「元気で行けよ」とて送りくれし。「シッカリ頼みます」とて別れる。

12時、駅前広場に到着。休息後、携帯品の検査を終へ、アンペラ（イグサで編んだ細竹様の敷物）敷きの待合所に入る。列車の都合にて二十一大隊は明日、出発と変更、ホーム休息所に一泊することとなる。警備中の中央軍、親切にも煙草《ねぎら》を給ひ、今までの苦労を労ひたり。日支の親善はこれが最後にあらず、むしろこれからこそ、真の提携始まるなり。

待合所前に掲示されし「日本人諸君に告ぐ」は次のごときものなり。

「日本人諸君よ。君たちは誤れる政治家と軍閥に無理に戦争に駆り立てられ、今まで苦しい経済と責任を課せられたのであるが、今度の敗戦によりなお一層の苦しみをなし、如何に戦争の過酷であるかを知ったであろう。しかし、君たちの現在の苦しみはやがて立ち上がるための苦しみである。大いに奮起して再建日本のために頑張ってもらいたい。中国政府は君たちのために出来るだけの力を惜しまない。中国と日本は手を握って東洋の民主的建設を約束しようではないか。我々は君たち日本人の帰国に対し、心からこれを祝福し、今後の君たちの活動を期待するものである…」

ああ、何たる有難き言葉ぞ。高らかに読んで妻子に聞かせ、今までの誤れる日本を、新たなる日本に作り上げげんと誓ふ男子あり。中国の寛大さに今更ながら敬服す。

7月17日

午前10時発車。無蓋車のため暑きも、列車の動き始めるや風涼しく心地よし。広漠たる満州、思い出多き大陸、ああ、いよいよ、さらば、である。畑にて手を振る農夫の心境、すっ裸で故国に帰る我らも、言葉に言ひ表しがたき感情に胸詰まる。満州よ、大陸よ、さらば。感激の涙の内にも汽車は一路、南へ、南へと驀進《ばくしん》す。

7月18日

雷雨やみて、星冴える。予定より遅れて奉天（注）に着く。約3時間停車のため、舎内にて朝食、昼食取る。当市の残留特技者は約2万人の由。午後1時、彼らの多幸を祈りて南へ向かふ。

(注)「奉天」は中華民国と満州国にかつて存在した都市で、現在の瀋陽《しんよう》市にあたる。清朝の都として盛京、満州語でムクデンと呼ばれたが、1644年北京に都が移されると、陪都《ばいと》となり、1657年「奉天承運、皇帝詔曰」にちなんで奉天府が置かれた。清朝が瓦解した後、1923年に張作霖が奉天市政公所を設置。1928年12月29日張学良の易幟《えきし》（注　所属する国を変える）により中華民国のものとなり、1929年瀋陽市に改名されるが、昭和7（1932）年3月1日満州国の成立により1945年に崩壊するまで再び奉天市となる。

7月20日

午後2時、順調に錦州に着く。到着の部隊、出発の部隊にて、何十万の日本人の洪水なり。俄か造りの駅前市場を通りて、割り当てられし宿舎に着く。直ちに身体、荷物の大消毒。若き男たちは共同炊事の準備に忙殺される。出帆までここにて滞在と決まる。食料は精米、栗、副食物一切の提供在り。新京滞在中より旨し。雑踏する市場の物価は、新京より安く、錦州の物価暴騰と聞き、すべて新京にて準備せしは、新京の商人に騙されたるなり。悔しがるも何ともならず。

7月23日

乗船と共に一人千円以上は持てぬこととなるため、にわかに千円の革靴を履きこむ者、景気よく飲食する者などあり。市場では滞在中、日本婦女子の客引きを募り、食事付きにて一日百円、三女、拓子も3日間働き、給料の他に天ぷら、野菜など、貰ひきたりて家族一同、舌鼓を打つ。軍の使役として各中隊より15名づつ出たる250名の葫蘆島《ころ》に行きて、すでに3日目、作業は船の積み下ろしといふ。ご苦労な話なり。

7月24日

午前10時、錦州《きんしゅう》出発。久しぶりに海を眺めつつ一路、葫蘆島に向かふ。午後2時、葫蘆島着。直ちに携行品、現金の検査あり。防疫終わりて休息。日本女性の通訳で、米軍兵士の親し気に話かくる。スマートな服装、聡明な瞳、明朗な応対、何もかも一等国の米軍に対しておのづと尊敬の念湧く。港には見上げるごとき船十数隻、日本人輸送のために停泊してあり。我らが便乗船はリバテー型貨物船。その堂々たる威容に一驚す。船蔵を5つに分けて、1船蔵500人、総数2500名を収容す。されど窓なきためにむさ苦し。起重機下の板を全部外して、その上にシートを張り日をよけて通風良くなる。

午後7時、いよいよ赤い夕日の満州、思い出の大陸を後にす。銅鑼《どら》の音に感極まって皆、泣く。貨物船、紺碧の海洋に向かって滑り出す。

7月27日

青畳を静かに歩むごとき凪なり。3日間の船旅に倦怠を覚え、甲板上に群れ居る人々元気なし。乗船と同時に食事は一切、船の給与となり、何年かぶりに麦飯食ひて、懐かしき故国の味にひたる。三食の御馳走の他に乾パンまで配らる。これもまた米軍の情けと感謝す。

7月29日

日の出とともに甲板に大勢の人集まり遥かに沖ノ島を見る。2千6百人の、それぞれの思いを乗せたる船は舞鶴の港へ滑り込む。

午後6時！　ああ、日本へ帰りたるなり。故国の家々が見える。懐かしき山河あり。

午后検便あり。明日はいよいよ上陸とて、今晩最後の演芸会を開く。第2中隊長の畠山兄より無理に出演を強いられ、我また恥さらす。例の怪しげなる即興歌、「さらば大陸、故国は招く」を披露して漫芸と共に好評。「岩手のおじさん」と親しまる。謝礼として大きな鮭缶を賜り、妻子大喜びなり。

7月30日

午後、昨夜の検便の結果、発表さる。コレラ疑似患者数名あるにより上陸禁止となり、一同落胆、直ちに中隊長以上の善後策協議会を開くも術なし、上陸許可出るまで、ひたすら衛生に専念することとす。

7月31日

船内防疫、全員予防注射。

8月1日

ここまで来ながら、ついに佐世保に回送さることとなる。上陸の喜びも束の間、再び日本海を南に戻る。口惜《くや》しがって泣く女、患者を恨む男、海上生活を喜ぶ子等、悲喜こもごものこの船、果たしていつ上陸許可となるやらん。夜、船員たち、引き揚げ者慰安のため、音楽会を開きくるる。

8月2日

午後4時、沈黙の船、佐世保港沖に停泊す。

8月4日

第2回検便の結果、再びコレラ真性患者8名、他に船員より2名、計10名あり、大恐慌の様を呈す。上陸の見通し全くなし。

8月6日

連日の無聊《ぶりょう》を離れて、編み物を始める女、タバコの箱にてトランプ作り興ずる子ら、紙にて作る将棋を楽しむ男達…真夏の船内生活なり。

携行のタバコも無くなりて寂しき日を送ること3週間、有難きことに、今日キンシ（タバコの銘柄）の配給を受く。その甘さ、日本の味かみしめて、祖国に感謝す。

無意味なる退屈の日続くは健康上問題なりと、今日より全員、国民体操を行うこととす。

今までの栄養不良と旅行の疲れのため、患者の日増しに増ゆるは憂慮すべきことなり。今夕も2名の死者を出す。出港以来、すでに17名の死者なり。故国に迫りながら遂に、その土を踏まずして寂しく世を去る人々の霊に心より合掌を捧ぐ。

8月10日

間もなく盂蘭盆《うらぼん》。7、8年前の故郷を思い、今抱ける4つの遺骨を偲んで感慨無量なり。

今日より便乗の6百名の児童らのため体操競技を始めたり。昨夜より波高く船激しく揺れる。二百十日の前兆ならんか。夜、演芸会を開き、それぞれ郷土自慢の続出で大賑わい。最後に有名な大日向開拓団長の詩吟にて閉幕。

8月13日

昨夜、本部の依頼ありて、盆踊りの唄を20ほど作る。午後1時より第一、第二甲板に分かれて、3年生以上の児童の盆踊り練習会を行う。同乗の僧侶、踊りの師匠、学校の先生方の熱心なる指導あり。退屈な男女も加わり、いつの間にか1千の輪となりドラム缶の音に合わせて賑やかに夜まで踊り続く。三女拓子は幼き子らを教えるに忙しく、我もまた、唄の作者として囃し方の指導す。夜まで練習して、一同汗を拭きながら上達ぶりを喜び合う。

今夕6時、第三小隊長、一戸君（青森）の細君、急逝す。気の毒なれど如何ともしがたし。

8月15日

甲板上にて便乗者の抱く英霊1247柱の大追悼慰霊祭を開く。祀《まつ》られたる英霊の前には工夫を凝らした花輪、造花の他に、船員の方々より贈られたる数々の品、所狭しと飾られ、遺族1千名、来賓として船長以下船員、輸送本部各中隊長以上、長沢導師他、数名の僧侶により読経しめやかに行われ、弔辞・弔歌の、奉呈、遺族代表、来賓の焼香あり。5時終了。一般の焼香は約1時間にて終わる。夕食後、直ちに供養盆踊り大会開かれる。4斗だる、ドラム缶の音賑やかに、一千有余の老若男女、思い思いの仮装や持ち合わせの晴れ着着て甲板上を跳ね回る。一晩踊りぬき、疲れて解散する頃、沖にイカ釣り船、美しく光って見えたり。

8月19日

また2名死者あり。これで出航以来、35名逝去といふ。我が団の菅原キノエ（藤沢）も3カ月病床に臥したる後空しく死去。我妻は脚気のため足が腫れ診断を受けくるも心配不要とのことなり。

検便3回とも検便にコレラ患者ありしため今は全く上陸の見通しつかず、便乗者皆「かってにしろ」といふ捨て鉢な気分なり。

8月20日

一昨日暴風警報あり、船は山際に避難す。畑で働く農民の姿、近くに見ゆる。予想された暴風もさほどではなく、一同安堵す。されど夜になり海荒れて、波高し。

8月21日

ついに210日の台風となり、昨夜来猛烈な風雨。上陸を諦めて身を船に任せたる2500名便乗者、ただ食うこと、寝ることを繰り返す日々なり。我が妻食欲なく元気なし。子らと共に励ますも、心配いらぬとて寝てばかり居るなり。恐らくは野菜不足と脚気のためならん。案じらるなり。

8月22日

第5回検便にてまた1名の患者あり、3度上陸禁止。今月中の上陸不可能となる。ああ。船内生活一カ月。その間、40名の死者を出し、なおこのままゆかば栄養失調と脚気患者続出せんことを恐る。今後は一同、衛生思想徹底し、1名のコレラ患者も出さぬようにするしか途なし。

8月26日

船長の好意にて本籍地へ手紙を出すこと許可され、早速、郷里へ第一報を出す。我もまた長女や親戚へ数本の手紙したためたり。

夜、全船倉総合演芸会を開催、入賞してタバコ一箱贈られる。

9月4日

最後の検便（9回目）パスしたとの報入る。一同思わず万歳、上陸の見通しつきたるなり。県庁の拓務官、小田耕一氏に手紙書く。上陸の打ち合わせのため、輸送団長、船長など、援護局を訪ねる。

9月8日

待ちに待ちし上陸、遂に明日となる。人々、俄かに忙しく、誰も彼も笑顔で語り、喜びに心落ち着かず。されど我が妻、憔悴して元気なし。もう少し頑張れば故郷に帰れる、と力づけて上陸の準備に日を暮らす。

9月9日

午後1時、いよいよ上陸開始。喜びにあふるる一同、足取りも軽く陸続と土を踏む。病人はトラックで、他の人は歩きて約6キロ、午后5時、佐世保海兵団に入る。

ああ、ついに帰れり！　妻は一週間、全く何も食わず。ただ御茶のみ欲しがる。

9月10日
所持品の検査、DDTの散布終はり、新しき軍服、襦袢、袴下《こした》（ズボン下）その他、日用品一切、一人13点の品目、その他、米軍よりウイスキーを下付さる。その温情に皆、泣く。
9月11日
午後4時、いよいよ各県ごとに乗車す。喜々として人々談笑する中に、拓子は衰弱したる母の介護につくせり。子供の有難さをしみじみと感じたり。
駅にて求めたる梨を妻は喜びて食べる。妻の笑顔を久しぶりなり。
関門トンネルに入る頃は、人々皆、疲労のため熟睡し居り。
9月13日
途中、学生同盟や婦人会の人々の激励の言葉に迎えられて、東京駅に着きたるは、午前11時。東北、北海道方面の出身者は、上野駅に集合、夜行で発つ。久しぶりに見る東京、敗戦日本の姿、復員、引き揚げ者の雑踏。日本の姿をこの目で見て、言葉に言い表せぬ感情に襲わる。
9月14日
夜が明けると宮城県の北部。赤きリンゴ、青き柿、豊かな稲の稔り。ああ、敗戦も知らぬごときこの平和なる村。仙台を過ぎ、程なく花泉に着けば、畠山君他、20数名下車す。一関駅には衣川村の人々、英霊を迎へるべく出て居り。迎へる人、迎へらるる人、皆、涙、涙。窓から一同に別れを告げて、一路北へ。

午後2時過ぎ、石鳥谷に着きたり。下車せんとするも、乗客の雑踏のため、妻、列車より降りかねて居る内に汽車は発車す。我、思はず妻を抱きて飛び降り、倒れて脛と腕を怪我す。幸い、妻には支障なし。

雨の中を待合室に入れれば、迎えのために出ていた長女、郁子、わっと泣きて変わり果てたる弟、妹を抱き、衰弱したる母に取りすがる。

泣くが良し、泣け、泣け。うんと泣け。苦闘の8年の後に、素っ裸にされて故郷に投げ出された父母のこの姿をみて泣くが良し…。

元北安財務官、鎌田氏も無事復員して、夫妻で出迎えてくるるに感謝す。親友、小原君の長男、従弟などに助けられ、駅前で少し休みたる後、バスにて懐かしの村に着き、従弟八重樫君宅に着く。

何から話すべきや、親類友人に囲まれて唯感慨無量の涙流すのみ。人々、妻を休ませて手厚く看護してくれたり。帰郷早々の、この親切。何と礼を言うべきや。

帰郷したるものの、これからいかにして立ち上がるべき。我、43歳にして初めて暗黒の世界に投げ出されたるごとき思いす。

帰郷第一夜は、寂しき程の静けさなり。

9月15日
故郷の山はなつかし思ひ出の山　思ひ出の川―啄木の心境がしみじみと心に迫る。

親類の人々、妻の見舞いに駆けつけ、食糧、炊事用具など持ち来る。いつに変わらぬ村人の情けにただ涙を流すのみ。耐えきれずして男泣きに泣く。

午後、妻を亀山医師に診てもらふ。栄養失調にて相当、注意を要するとのことなり。折角帰郷して、ここで妻を失ってなるものか、絶対生かして見せる、と心に誓って、枕元につめる。

9月20日
今日は村の運動会ありといふ。人々のにぎやかに通るを窓越しに眺めて我が子らは寂しく母の枕元にあり。午後、県庁に電話すべく役場に行く。役場にて話し込み居るに、従弟、妻の死を告げに来たり。急ぎ駆けつけたれば妻はやせ衰えたる頬に一筋の涙を引きて冷たくなって居り。

ああ、妻よ。なぜ死んだ。お前に今、死なれて俺はこれからいかに生きんか。幸い、長女は鎌田氏一家の厚情によりて暮らしているとはいへ、後の4人の子らは如何にすべきや。

満州に行き奮闘したるは、ただただお前らをいくらかでも楽にさせたきためなり。しかるにこの結果となり、日本は今、再び生まれ変わらんとする時にお前は世を去るか。

妻よ、許せ。８人の子を抱えつつ夫を援け、良き妻として22年間仕えたるお前の努力に心から感謝するのみ。

今後は５人の子の良き父として健闘することを我は誓ひてお前に捧ぐ。妻よ、我が妻よ、満州に埋もる二女、牧子、二男、充、六女、紀子を抱きて、安らかに眠れ。

９月21日

村の人の同情により亡き妻の葬儀を行ふ。満州より抱きてきたる父の遺骨と、３人の愛児の位牌と合わせて５人の弔いなり。

ああ誰か我が心を知る者ぞ。我、亡き妻に誓う。残された子らを人並みに育てんことを、無事に弔い終わりて、午後、法要を済ます。

10月３日

亡き妻のふた七日。義姉ら墓参りに来たり。子供らを分けて世話を頼む方が生活の不安も少なくなるのではないか、との進言あり。子らを一人一人離すは可哀想なれど、親類に迷惑かけること多し。今、同情にすがりて世話してもらひ、自活の道を求め、やがては一家となるこそ幸福への道なりと判断し、厚かましきことなれど4人の子を4軒に依頼することとす。三女拓子（15歳）は大迫町桜井方へ、四女冴子（12歳）は村の叔母宅へ、長男光（9歳）は八重畑村の義姉宅へ、五女洲子（6歳）は彦部村の妻の実家へ。かくして我、ただ一人となる。

10月10日

親なく、妻なく、愛児なく、たった一人の生活ほど寂しきものなし。呑気者として育ちきたる我なるが、泣き出したくなるごとき思ひなり。今朝、権現堂に茸狩りに来た旧友、鎌田幸一兄（開拓第一課主席事務官）就職の心配してくるる。

人生七転八起。過去のことは満州語の「メイファンツ（没法子）」（仕方がない）で片づけ、今後の生に執着して生きることこそ子らへの愛情なり。

10月30日

盛岡の生活に入る。これより都会の美も醜も味はふことならん。

幸い、5人の子らは健康に働き、学んで居り。我もまた、敗戦の苦しみ、家庭の寂しさから逃れて、数年前の「剛」に戻るるならん。

冬眠…さなり。やがて我のなすことも必ずや見つからん。

満州の馬家店開拓団より避難して以来、1年3ケ月、つひに今日の平静に至る。彼方なる妻子の霊に向かいて感謝し、心より合掌を捧げん。

結びに

擱きながらこの日記を書き終へて安堵す。記録に値するか、値せざるか測りかねるも、我に取りてはこれ以上の大記録なし。

同志80名を失い、愛児3名と、妻まで失ひしなり。敗戦全体より見れば、一個人のごとき些細なることに過ぎざれども、かくのごとき人々を多く何十万、何百万と生むが戦争といふ怪物なり。その怪物の再び世に現れぬように戦争の苦しみ、恐ろしさ伝えることが歴史なり。

国策の波に乗りて北満開拓に挺身すること8年。憧れの夢から覚めてみれば、生まれたままの真っ裸で敗戦国日本に投げ出されていたるなり。ああ、ただただ感慨無量なり…。

今後は平和なる民主国家日本の建設を目指してただまっしぐらに進みゆくことなり。正しく伸びていくことなり。

拙《つたな》きこの日記が我らの団員の記録となり、当時の苦しみを知って頂き、さらには妻と愛児3名の慰霊ともなれば幸甚なり。

四　義勇軍の生活と文学

1　『写真集　満蒙開拓青少年義勇軍』

駒蔵が満州体験者の話を聞いたのは、「日中東北の会」という組織を立ち上げ、最初の講師として滝沢市砂込に住む小野寺今朝治さん（元義勇軍の拓士）の講演が最初で、２００８年4月のことだった。

小野寺さんからお話を伺うために、砂込に2度、3度、足を運んだ折、小野寺さんは数十冊に上る貴重な『満州開拓追憶記』と豪華な『写真集　満蒙開拓青少年義勇軍』（昭和50年、家の光協会発行）を駒蔵に惜しげもなくくれた。その時

「うちの子も誰も満州などに興味がない。こんなものあっても、何の役にも立たない」

と半ば投げやりな口調で言った言葉が忘れられない。そこには自分の体験を伝えようにも耳を傾けてくれる人もいない寂しさがにじみ出ていた。駒蔵は良く考えもしないで条件反射的に「無駄にはしませんから」と有難くそれを受け取った。

しかし、その後仕事の多忙その他、様々なことに紛れて、その大切な本に触れることもなしに過ごしてきた。それから7年経って『オーラルヒストリー　拓魂』を出版したのをきっかけ

に改めてそれに向き合って丁寧に読み始めた。

『写真集　満蒙開拓青少年義勇軍』は「写真集」と題されているが、写真の他に詩や短歌、俳句、漫画、手記など義勇軍の青少年の作品を中心として、解説を交えて紹介されている。

その後書きには次のように書かれている。

戦後、満州開拓に関する書物はたくさん出ていますが、圧倒的に多いのは敗戦後の悲惨な記録ものです。それだけ、満州開拓の最期は想像を越えたものだったということになるでしょう。

この写真集は、これらとは発想を変え、敗戦後のことはいっさいふれず、義勇軍が内原訓練所へ入所するときから、内原、現地の訓練を終え、義勇軍開拓団を作り上げるまでの生活と訓練の状況を記録したものです。

義勇軍共通の夢といえば、民族を越えた戦争のない、すばらしい「村」をつくることでした。そのためには、まず個人が人間としてりっぱな精神を持たなければならない。同時に、村づくりに必要な知識と技術を身に着け、経験を積むことである、と教えられ、私たちもまたそれを信じて日々の訓練にいそしんできたのでした。私たちの青春はこの中ではぐくまれ、飛び立つ日を待っていたのです。

だが、昭和20年8月9日未明、そのすべては見果てぬ夢と終わってしまいました。

『写真集　満蒙開拓青少年義勇軍』は現在、満蒙開拓青少年義勇軍とは何であったかを知る上で貴重な書物であるが、もはや入手しがたい。「義勇軍」の名さえ忘れられつつある現在、今一度、この本を紹介して軍国主義の下に生きた青春の姿に触れてみたい。

2　内原での生活

写真集を開くとまず目に入ってくるのはラッパを吹く義勇軍の少年の写真である。ラッパあるいは太鼓が生活の節目、節目の合図に使われた。

続いて開拓鍬と、内原訓練所所長の加藤完治の「丈夫で仲よく迷わずに」と記された書が載せられている。さらに「僕は満州へ行きます」という見出しのもとに次のような短歌が紹介されている。

父母にさからふごとく意をとほし　われ出でたつは雪ふるあした　清水久孝

この歌に記されているように義勇軍の志願は本人の夢、あこがれからなされることがほとんどで（といっても実態は教師の指導によって、その気になったものが45パーセントを占めるという）両親の反対を押し切ってなされた。親の留守にこっそりハンコを押して志願票を出したり、親を説得するために北上市の六原道場で1年間、実習に励み、やっと許可を得た少年もいた。六原道場は農業の技術を身に着けて地方の発展に貢献するとともに「新領土及び海外への発展」を図る「道場」として有名であった。道場を作った石黒英彦岩手県知事は、古神道の理論家、筧《かけい》克彦の弟子であった。

昭和15年内原訓練所に入所した佐野広は手記として次のように書いている。

満洲への移民について、わたしはわたしなりに真剣に考えていた。長男でない私、しかも兄や姉の多い家、将来の生活、独立への道は自分で拓かなければならない。14歳の少年はひそかに決意した。もうこれ以上は、ビタ一文も親にめいわくをかけないぞ。見知らぬ天地へのあこがれ、不安、難しいことは分からなかったが、少年の素朴な決意は動かなかった。満洲へ行くと言ったとき、父は黙ってうなずいた。母は「こんなに小さいのに」と声を詰まらせたまま、勝手場へはいり込んでしまった。

入隊を志願した少年は小学校の校庭で答辞を読み、義勇軍の拓士としてお国のために尽くしますと宣誓、学校や駅頭で激励を受けた。それは晴れがましい栄光と多少の不安を伴う青春の旅立ちであった。

写真集には続いて「弥栄《いやさか》広場と日輪《にちりん》兵舎」のタイトルのもとに内原訓練所の外観が紹介され次の短歌が載せられている。

大いなる傘ひろげしに似たるかな　日輪兵舎と師は教へます　清水久孝

天晴《あっぱ》れの叫び松林にこだまして朝日の中に日の丸上りゆく　　星野吉朗

ちなみに、この短歌の作者、星野吉朗は昭和16年に満州移住協会から歌集『曠野に歌ふ』を出版している。満州移住協会は無償で出版を援助した。また、そこには国家の支援もあった。

内原訓練所では朝夕の行事に古神道の理論に基づく礼拝があった。筧《かけい》克彦の考案したもので、筧は加藤完治所長の心酔する古神道の理論の大家であった（筧は東大の法学の教授でもあった）。内原訓練所では、太陽に向かって「天晴《あっぱ》れ　あな面白《おもしろ》　あな手伸《たの》し　あな明《さや》け　おけ」と力いっぱい叫ぶ行《ぎょう》があった。これは『古事記』、『日本書紀』の記紀歌謡を踏まえて作られた古代的な詩であって、皇室の祀る神、天照大御神（太陽神）を賛美してたたえたものである。その意味について、筧克彦の理論に基づいて、次のように解説している。

「天晴《あっぱ》れ」とは、皇《すめら》大神を拝み奉る各人が譬えば大空を心中に蔵する気分。「あな面白《おもしろ》」とは、この各自の根本に輝きます豊栄《とよさか》登る日の御光《かげ》が、各自の顔面《おもは》を通して光りつつあること、神に対し有難く懐かしみ思う心の満ちた気分。「あな手伸《たの》し」とは今なる一切の人々のみならず、祖先自分子孫の三代に亘り手を引き引かれて勇猛邁進しつつある伸び伸びした気分。「あな明《さや》け」とは神に対し、己れに対し何等秘密なく、疑なく、迷いの雲、邪推の霧なき気分。「おけ」とは自他を超越せる深き命令、意気込、内外不二の動令をいうのである。この大精神を体して、さらに皇国精神を振い起こし、自らの心身を清むる禊祓《けいふつ》の動作として、日常、日本体操（「やまとばたらき」と読む）が行われる。結局、精神修養は身体の修理と一致し、身体の修理は精神修養と一致すべきも、同時にそれにより精神が弥《いや》ゝ《いや》、身体の治者たることを自覚せしむるにあるのである。

神道の禊《みそぎ》や祓《はらえ》の素朴な信仰的な行《ぎょう》と、天皇を神とし、日本を神国とする国家神道の精神によって若い少年たちの心が育てられた。学校教育を通して植え付けられていた皇国思想は、ここで、一層徹底的に浸透していった。義勇軍はお国のため、天皇陛下のために命を捧げますという教育勅語を柱とする学校教育の完成ともいえるものだった。

それは国民一人一人の命、思想や信仰の自由が認められている現代からみれば国家権力による洗脳教育ともいえるものである。

内原訓練所で行われた「やまとばたらき」と呼ばれる日本体操も筧克彦の考案になる体操で、掛け声の数字の読み方など「いち、にい、さん…」と中国式（漢語）でなく、和語で1、2、3、4、5、6、7、8、9、10、百《もも》、千《ち》、万《よろず》、と掛け声をかけた。
岩手県紫波町出身の詩人、巽《たつみ》聖歌はこの「やまとばたらき」を次のように詩として詠んだ。

あした涼しい　松の樹の間にひびいている　裂帛《れっぱく》の声
ひい、ふう、みい、よう、いい、むう、なあ、やあ、こう、とう…
少年らが朝露を踏んで土の上に立ち　叫《たけ》ぶに叫《たけ》ぶ　そのやまとばたらき。

「なげうて」という日本体操もあった。

抛《な》げ棄《う》ての号令の下たくましき　腕には燃ゆる力溢れつ　星野吉朗

内原訓練所では毎朝、集会で義勇軍綱領を一斉に唱え、朝もやをついて駆け足をした。柔道も重要な基本訓練として励んだ。加藤完治は剣道の達人で、剣道も大和魂を育てるものとして、

重い木刀を振るって行われた。余暇には野球や相撲も楽しんだ。（左の写真は『土と戦ふ』より）

内原訓練所・本部附近

日本體操（やまとばたらき）

農事訓練・脱穀

内原訓練所では、所外訓練として北海道や九州にまで出かけて勤労奉仕に務めたりもした。開拓民の育成目指して、松の根の抜根作業や田植え、堤防造りなどすべて集団で行われた。これを詩にした「明日の溝」と題する巽《たつみ》聖歌の作品がある。

むっくり、むっくり、むっくり
ぼくたちは排水用の溝をつくってゐる
かがやかしい明日の夢をはらみ
希望に燃へて、大東亜につづく
明日のこの溝を掘ってゐる

聖歌は昭和17年、満鉄の招きで満州を視察、翌18年には内原訓練所を視察し、少年の生活と心情を詩として詠み、翌年には『日輪兵舎の朝』という詩集を出している。聖歌は国策に協力した詩人として戦後、批判されることもあるが、駒蔵はその意見に簡単には同調できない。戦争協力の反省は個人の問題であって、外から批判されるべきものではないと思うからである。またそれ以上に、満州事変の真実を知らされず、権力の一方的な情報が流され、小学校入学以来、

「お国のため」「天皇陛下のために」という洗脳的な国家主義教育を受けた時代において、真実を知ることは難しく、国策を批判するという視点も持ちがたい、と思うからでもある。

聖歌は義勇軍の少年の気持ちになって詩を作った。少年たちはそこに自分の心情が詠まれていると喜び、感激もしたであろう。「出発」と題する聖歌の詩がある。長い詩であるが改行せずに全部紹介したい。

祝辞や訓示のあとで、聖寿《せいじゅ》や弥栄《いやさか》をとなえた。いまこそ私たちは大陸へ渡るのだ。広大な沃土《よくど》と強烈な太陽の満州へ、青い空に見送り人がざわめいた。自分の息子を見ようとして背伸びをしたあの中にわたしの父もいるのだ。わたしも厚く大きくなった手をふる。見えない父の手にふる。瞬間、郷里の家や、母や、姉や、妹が傾きかかる、傾きかかる。丈夫でいてください、お父さん。わたしは年老いた父や母をむかえに来る日を思っている。弟や妹をむかえて耕地の広くなった日をかんがえる。

お父さん、堪忍してくださいと見送りに来た人々にむかって手をふる。私が内原の少年になろうとしたとき、涙を流して反対した肉親たちをかんがえる。その中でただひとり賛成してくれたおとうさん　あたまにしろいものが目立ってきたけれど、まだまだ若いおとうさん。待ってくださいと涙をぬぐった右の手をうち振る。

家や父母や、祖先のことだけをかんがえているのではない、大きな日本の使命をかんがえる。大東亜の、世界の、大きな日本の地位をかんがえる。

行ってまいります、お父さん、行ってまいります、おかあさん。

やがて進軍の喇叭《らっぱ》、歩調とれっの号令。わたしたちは力強く手をふる。ずっしりと重いリュックサックを背負い、大陸へ向かって歩みだす。

この詩にも「大東亜」戦争へと向かっていく義勇軍の少年の心情が詠まれている。

内原訓練所の生活は大太鼓の音が聞こえると同時に、不寝番が「起床ッ」と怒鳴ることから始まった。皆、一斉に跳ね起き、布団をたたみ、靴を履き、巻脚絆《まききゃはん》を巻き終わると、洗面器をもって飛び出す。「〇〇、洗面に行ってまいります」と舎内に向かっていく先を告げる。30分後点呼、礼拝、食前作業、食事当番が配った食事を前に「みたましずめ」「食前感謝の言葉」を唱和する。「みたましずめ」とは、ことを始める前に黙想して心を落ち着けよということで、出発する時や食事する時に、一人が「みたましずめ」と唱えると皆が黙想する、義勇軍独特の祈りである。訓練所の食事で忘れがたいのはサツマイモの入った白米の食事で、内原に来る前、普段、ひえ飯を食べていた訓練生にとってこれは旨かったという。

食事を済ませると食器洗い、そして訓練が始まる。訓練として縫工やお灸、木工、製パン、食事、畜産、製炭作業、鍛冶工訓練、ラッパ鼓笛などの係りもあった。すべて満州開拓の準備のためである。

初めて故郷を離れた少年たちは内原訓練所で、すでにホームシックにかかるものが多かった。手紙を受け取り、また出すことが楽しみだった。宿舎の片隅に故郷の神社の模型を作って慰める訓練生もいた。両親は内原まで面会に来てくれた。

手紙書くこの窓下の草叢《くさむら》にきりぎりす鳴く秋となりけり　　星野吉朗

「片手に鍬を、片手に銃を」という言葉をスローガンとしているだけあって厳しい軍事訓練も行われた。軍人勅諭も暗唱させられた。軍人勅諭には、「我が国の軍隊は世々、天皇の統率したもふ所にぞある」とあって、帝国の軍隊は天皇の軍隊であることが強調され、軍人の守るべき徳目として忠節、礼儀、武勇、信義、質素の5つの徳目が挙げられていた昭和16年以降は東条英機の「先陣訓」が教えられた。これは軍人の心得を説いたものであり、義勇軍が文字通り軍隊となったことを示すものである。

3　満州で――入植、開拓

いよいよ渡満。壮行式で加藤完治所長の激励の言葉を受ける。日本と満州の国旗、ラッパ隊を先頭に内原訓練所の正門を出て内原駅へ（駒蔵は内原に行き、訓練所から内原駅までの「渡満道路」と名付けられる桜並木を歩いてみた）、残留部隊と握手を交わし、東京着、宮城前へ。宮城前で「天皇陛下、弥栄《いやさか》」と弥栄三唱。「壮途《そうと》」と題する次の詩（作、丹塚もりえ）はその雰囲気をよく伝えている。

桜の徽章の戦闘帽からズックの靴まで、国防色一色に身をかためた少年の一団。今日の数は七百余と言ふ。最年長の十九と思はれるのは、身体も成熟して見えるが、最年少の十四の一群は、なりも目立ってちひさく、なにか幼くいぢらしい。しかも一様に気負ったその顔、そこから醸しだすこの壮んな厳粛な息の流れ。私はみるみる顔がこはばり眼が熱く浸みて、しかたがなかった。（中略）父母の膝下を離れ、郷党の万歳に送られ、健気にも一死報国を盟って故山を出た彼らは、今や祖国日本を鹿島立とうとして居る。最後の祈りと盟の為、隊伍堂々宮城に向かって行進して居る。喇叭《らっぱ》の吹奏にあはせて行くこの地響きの力強さは、ああ、これこそ国を運ぶ若き日本のその跫音《あしおと》ではないか。

まだ未熟で未完成な青少年たちの気負い。自分の身には大きすぎる国家的な使命感を胸に飛び立ったその純情に心打たれる。彼らは素直に、素朴に国家(政府、軍部)を信じて大陸へ向かった。

島国日本から海を越えて大陸へ渡るには次のルートがあった。

新潟から出て日本海を渡り清津《せいしん》へ

敦賀から羅津《らしん》へ
神戸もしくは下関から黄海を渡って大連へ
下関から関釜連絡船で釜山へ

訓練生は乗船して日本を離れ、朝鮮半島や中国の大連を経て、大陸の北、奥地を目指して、満州開拓の夢に胸膨らませながら進んでいった。それは「北満」と呼ばれるロシアとの国境に近い酷寒の僻地であった。関東軍の予備隊として期待されていることなど、少年たちは知らなかった。新聞も「青少年義勇軍　輝く壮途へ」「満蒙開拓の若きパイロット」などと見出しをつけて彼らを激励した。

少年たちはどんな思いで開拓に取り組んだのだろうか。「大陸の朝」と題する阪本牙城の詩を紹介する。

阪本牙城は漫画家の時のペンネームで、水墨画家の時は阪本雅城の雅号を使った。昭和14年、44歳で満州国政府開拓総局の広報担当者として渡満し、絵を描くことが好きな義勇隊員を集めて200人の義勇隊漫画部隊を結成、自らその隊長となり、満州各地の訓練所を慰問、激励したという。ソ連軍侵攻以後多くの苦難を舐めたが無事帰国、戦後は臨済宗の僧侶として高名な大森曹玄に師事して禅を学んだという。

果てもなく広がる大地である。とてつもなくだだっ広い。地表にはまだところどころに、真っ黒なシミが残っている。大地はまだ醒めきらないのだ。寒い—風も板のように凍り付いている。闇をつんざいてラッパの音。義勇隊が眼をさましたのである。凍てついた北満の、この地表に、一ところ赤く燃える火の気—満州開拓青年義勇隊。赤い焔だ。ゆらゆらだ。ああ夜が明ける、義勇隊の夜が明ける。北満の、東亜の、夜が明けるのである。

義勇軍を激励する力強い詩である。同じく佐々木信雄の「大地に立つ」という詩もある。

まばゆく光る　この鍬《くわ》は　祖国を遠く　わが肩に　負われて玄海超えたのだ
まばゆく光る　この鍬は　渡満この方　わが腕に　荒野拓いた　鍬なのだ
まばゆく光る　この鍬は　村を築きし暁に　我が家の宝と　なる鍬ぞ

困難に満ちた労苦の多い北満の開拓はこうした文芸によって勇気づけられ、励まされたであろう。こうして文学も教育と一体化して軍国主義に奉仕するものとなっていった。
最後に、満州の風土の中でと開拓民として生きる生活とその心情を詠んだ短歌を紹介しよう。

夏雲の湧立つ空の日を浴びて　沃野拓けば心躍るも　窪田金広
百町歩まく種ありき　われはふと強く握りて落としてみたり　宮村喜森
トラクターの過ぎ行く後につぎつぎと　にほひ新しき黒土起きぬ　星野吉郎
春来ぬと畑に出でて鍬とれば　心躍るもわれは土の子　国島一晃
大陸の大地しっかり踏みしめて　警備の友の姿雄々しき　水野末雄
わが友の棺を燃やす赤き火に　いよいよ激しき風のいきほい　星野吉郎
訓練生の作れる豆乳君うけよ　霊なぐさむる今日のまつりぞ　植松貞治
団が見え団はあれだと指す彼方　日章旗高く見ゆる嬉しさ　野々田豊

訓練生の病気や死も歌われているが、総じていえば満州の風土の中で、満州開拓の夢、理想に燃えてたくましく励む短歌が多い。

駒蔵は老人で体力も根気もなく、義勇軍の信奉する皇国思想など持っていないのに、心惹かれ、義勇軍に加わりたい気持ちも幾分、湧いてくる。まして、戦前、大日本帝国のもとに生きた少年たちは、こうした歌に励まされて、義勇軍に憧れたであろうことは容易に推測できる。駒蔵も戦前に生まれていたら、熱くなって義勇軍に参加したかもしれない。軍国主義教育とは恐ろしいものである。だが、戦後、平和憲法のもとでこうした義勇軍の文学が忘れさられて良いものだろうか。

五　日本一の百姓

——菅野正男の生涯と時代

初めに

満州国は建国の理念として「五族協和」「王道楽土」の理想を高々と掲げた。それは（日・朝・漢・満・蒙の）五つの民族が互いに協力しあって差別のない平等な国家、武力によるのでなく王（天皇）がその徳の力によって治める、楽園のような平和国家を目指す、ということである。軍国主義の支配的な世界にあって、それは誠に夢のような美しい理念だった。

一方、昭和初期の農民は貧困と飢えに苦しんでいた。貧しい農民は政府の宣伝する満州国に心惹かれ、満州移民こそ農村を救済する道だと信じた。多くの農民が夢を抱いて満州に渡った。満州移民、開拓は成功するかに見えた。

だが開拓民の前途には予期せざる苦難が待ち構えていた。昭和20年8月9日、突如ソ連軍が平和な開拓団に侵攻、開拓団はたちまち崩壊、女、子供、老人まで含めて、多くの開拓民が言語に絶する苦難をなめた。満蒙開拓青少年義勇軍の青少年の受難にもまた格別なものがあった。

私はここにその義勇軍の「拓士」（やがて「兵士」となることが多かった）であった一人の青年を取り上げて、その短い生涯と時代を考察してみたい。その青年の名前は菅野正男。

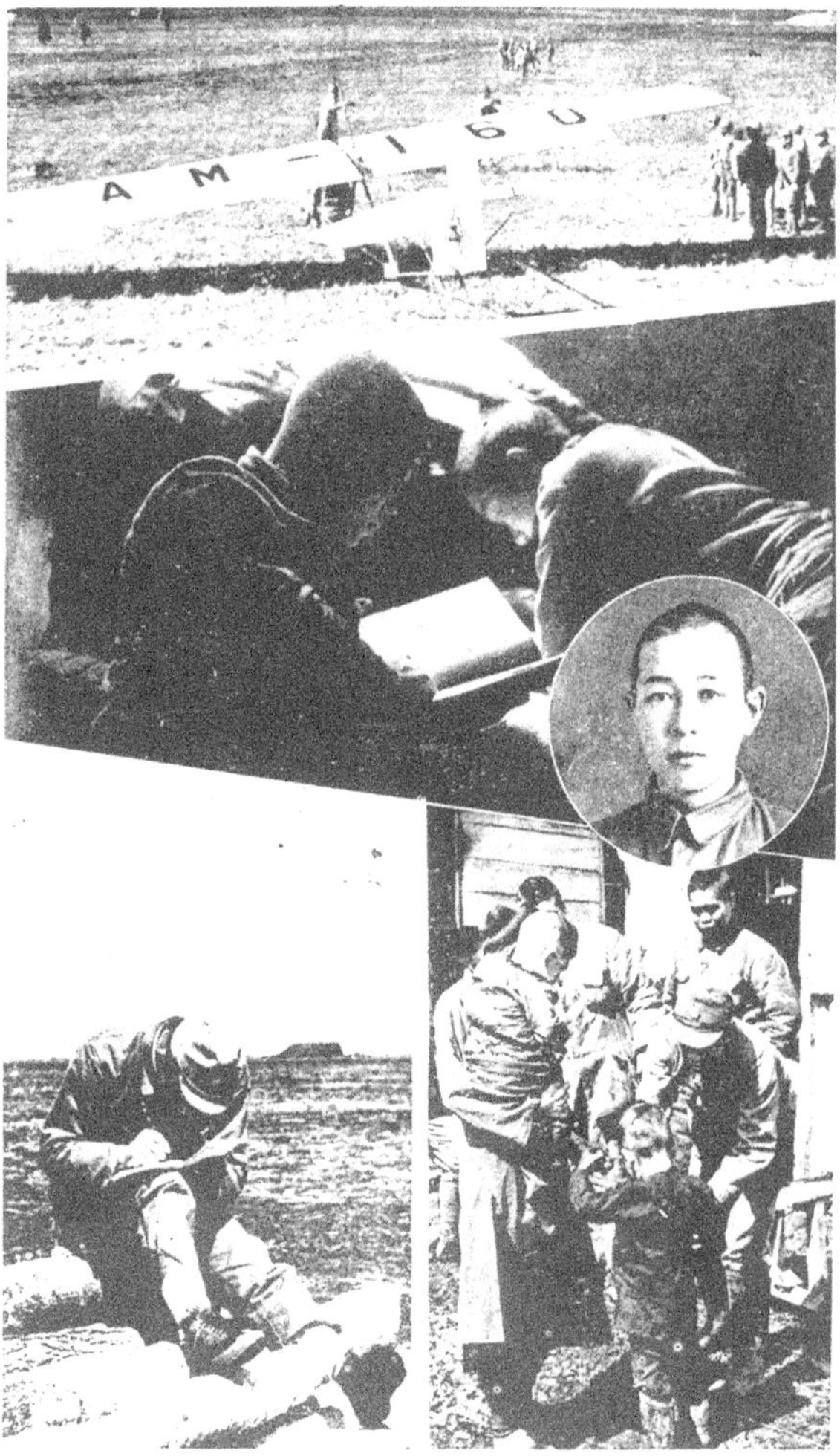

グライダー訓練

休養時間

著者　菅野正男

故郷へ便り

民族協和

昭和14年、菅野正男は、小説『土と戦ふ』を書いて農民文学賞を受賞するなど大きな反響を呼んだ。作品は義勇軍の一員であった作者の満州における過酷な生活とそこに生きる夢と悩みを精緻に活写した記録文学である。

小説は時代を映す鏡である。『土と戦ふ』を読むことによって、私達は昭和の戦前の社会を知り、軍国主義、皇国思想がどのようなものであったかを知ることが出来る。私はこの小説に少し深く立ち入って主人公や仲間の義勇軍の青年たちの心情に迫りたい。

1　日本一の百姓

菅野正男は大正9（1920）年2月25日、岩手県江刺郡福岡村口内《くちない》（現、北上市口内）に貧しい農家の長男として生まれた。大正15（1926）年、口内小学校に入学、昭和7（1932）年、同校尋常科を、昭和9（1934）年には高等科を卒業、同年、口内農業補習学校に入学、4年後の昭和13（1938）年に同校を卒業し、4月10日、義勇軍の一員として満州に渡った。口内農業補習学校は菅野が在学当時、口内尋常高等小学校の校長、但木秀夫が校長を兼任していた。
口内農業補習学校で菅野正男を指導した教師、昆野安雄は「出藍《しゅつらん》の誉れ」と題する追想の文章の中で、菅野について次のように書いている。

百姓の子とは思われぬ蒼白い面と理知的なひらめきを浮かべた温順な子供、それが補習学校に入学した正男君の第一印象であった。子供の割にはませたようにも見受けられた。やがて作文の得意な事が解りクラスの文集の編集など喜んで当るようになった。
堤の土そっと上げたるバッケかな
少年俳句の傑作として、私が賞めた事を今でも覚えている。

現在残された菅野の写真を見ると、胸幅広く、立派な体格で、温和な、いかにも聡明そうな整った顔立ちの青年である。世が世であれば、異性との交遊などもあっただろうが、昭和初年代、軍国主義に傾斜する貧しい時代にあっては、恋愛も許されなかった。それでも遺品整理の中で、親しくしていた異性が数人いたことが分かった。わけても岐阜県美濃関の女性とはかなり親しい文通があったし、女学生のファンも多かったという（「菅野正男君の死に立ち会って」島田清徳）。『土と戦ふ』がベストセラーになった時、眉目秀麗な写真と共に紹介されて、全国にファンも現れたのであろう。しかし、その女性と会うことなど叶うはずもなく、清い文通だけで終わった。その手紙の中で詩や俳句などと共に将来の夢を語っていたであろうか。今は確かめるすべもないにせよ、遺品にそうした恋文めいたものがあったということは、貧困とテロ、軍国主義の暗い世相の中で、一縷《いちる》の明るい光のように感じられる。

菅野正男は青年団の分団長を務め、指導者として皆に信頼されてもいたという。長生きすれば村長になる、農民作家になるなど大きな活躍をしてもいたであろう。教師、昆野は菅野正男に専門の農業ばかりでなく、詩や俳句、文章を書くこと、文学を教え、その才能を発見した。それが後に小説『土と戦ふ』の農民文学賞受賞の栄光につながった。

だが菅野正男は決して啄木のような文学一筋の人間ではなかった。菅野正男が自らの天職と考えたのは農業であった。貧しい農家の子として生まれた菅野は、昭和11年、満15歳の日記に「日本一の百姓」になることが夢だ、と書いている。それにしても、「日本一の代用教員」ならぬ「日本一の百姓」とは何だろう。そういう夢はどのようにして育まれたのであろうか。

幸いなことに、昭和57年に復刻出版された『土と戦ふ』には、昭和11年に書かれた日記が全文掲載、紹介されている。これは菅野正男一人の記録というだけでなく、当時の農村青年の生活と心情を綴った貴重な日記である。その日記の中から冒頭、1月1日の記述を引いてみる。

昨日降り始めた雪も一夜の中に尺余も積り、今朝尚《なお》、新年を祝う如くに降りしきる。八時頃より忘れた様に晴れ渡り、万物皆白色の幕におおわれて、新気ヒシヒシと身に迫る。家の都合により四方拝には参加せず、家にて縄を綯《な》う。

数多き苦難と心労の年であった昭和十年は夢の間に過ぎた。そして今日又、大いなる希望と理想とを胸に抱き、天地の神々に菅野家再興を誓う。

新春臨神天地誓更生（新春、神に臨みて、天地に更生を誓う）

一家破産という貧しい家に菅野は育ち、正月の元朝参りにも行けず、縄綯いをして小銭を稼がねばならない。15歳の菅野は、すでに一家の長としての自覚を持ち、「菅野家の再興」を誓っている。貧しい小作農の家に生まれた菅野は母と二人の妹、父の代理として真剣に家族のことを考えなくてはならなかった。父はどうしたのだろうか？

日記の末尾には「年末感想記」と題して次のように書いている。

長い長い一年。そして出来事の多かった一年は惜しくも早や暮れなんとして居る。誠に星霜の移り行くのは短くそして早い！

省みれば大雪、極寒の冬に明けた昭和一一年は消雪の候も例年より遅れた。殊に大雪の第一害としては青緑の色鮮やかに生え出るはずの麦が至る所、菌核病に罹った。勿論自分が丹精込めて育てた開墾農場の小麦も、極晩蒔きをしたものの、他は殆ど全滅の体であった。

ああ、まだまだ駄目だ。もっと農業と言うものを習わねば――

そうだ、死ぬまで農業を習い、そして研究して行こう、とここで初めて一生の方針を立てた。自分はあく迄農業で身を立てて行くんだ。きっと日本一の百姓になるんだ。

五月二十五日には一寸の心得違いから犯した罪を仙台刑務所で一カ年に亘り、身も心も清めて明るき天日の下に父は帰ったのである。我が家は急に明るくなったようだった。父はその翌日から毎日野良へ出て一心に働いた。自分らも何か力強く頼れるものがあるような気がして何の心配もなく、毎日、元気に働くことができた。

とても幸福親子そろって田植え傘（中略）

その後、間もなく去年人手に渡った家、住み慣れた懐かしき我が家を愈々《いよいよ》明け渡さねばならなくなった。そして吾らは借家するのである。その家は菅原治助殿の家で、前までは菅野新平氏が借りていた所である。十二月九日、家具、家財を全部運んで転居した。この家は家賃なし。畑全部、無年貢で借りたのである。畑と言っても四、五年も鍬を入れない荒れ地である。これを開墾して作る約束でただで借りたわけである。

亀ヶ森の後藤直美氏より炭山を買い、松杉の他の木は全部家で切る事にした。そして炭焼きを冬仕事として行った。無論薪《たきぎ》は充分取ることが出来た。この家は向こう五カ年借りるはずである。従って、家ではここに、一家更生五カ年計画を樹てなければならないのである。近々中に早速、計画を樹てるはずである。

神よ、願わくば、我が家の更生が計画に反せぬように、また健康の御恵を垂れ給え。

住み慣れた家も借金のために人手に渡り、年貢なしとはいえ、荒れ地を借りての開墾、冬の仕事のために炭山を買い（もちろん、炭にする木を買ったということだろう）炭を造る。冬とはいえ、縄綯いや炭焼きで細々と収入を得て、借金を返していかなくてはならない。家屋も農地も持たない、貧農、「水飲み百姓」、その長男が萱野であり「一家更生五カ年」を立ててこの困難を生き抜かねばならない。そういう生活の中で、若者らしく夢を羽ばたかせる。「日本一の百姓」とは余りに現実と乖離《かいり》しているようにも思われる。だが、そういう夢を見るのが若さというものであろう。

日記は農作業や小銭稼ぎのための労働の記録で、縄綯《な》いや草履作り、ヨイトマケを歌いながらの井戸掘り、大豆畑の（食用にする）イナゴ取り、稲刈り、藁《わら》打ち、炭焼き、炭の俵詰め、稲扱《こ》き、月夜の下で開墾（萱野はこの体験を「荒れ地が耕地になるまで」と題して青年学校で発表している）、風呂をたくための薪《まき》割りなど、全体が貧しさと闘う労働の日々の記録で、その間に自作の俳句や詩がある。学校を休んで働くこともあり、働くことに忙しい日々の生活の中で、唯一の楽しみが文学だった。

萱野家が大変だったのは、大黒柱である父が事業に失敗して家を失い、耕地を手放さざるを得なくなったからだった。そのため、一時は一家を挙げて南米移住するという話も出た。父は刑務所に入所し、この年、退所になって帰り、安堵したとはいえ、家は破産状態にあった。それは管野家に限らなかった。「かまど返し」という言葉があるように、この頃、東北地方の農家には破産して夜逃げする農家が続出した。小作争議も頻繁に起こって、社会問題となっていた。菅野も「わが家も落ちぶれたるかな、17年暮らした家を去らねばならない」（12月9日）とその不運を嘆いている。

そうした貧しい暮らしから脱出し「5年計画で節約し更生」「その後、日本一の百姓になる」（同）というのが菅野の夢だった。

2　農の思想とその系譜

菅野は単に農業が家業だからするとか、好きだからやるというのでなく、農業を「聖業」、理想的な職業と考えていた。そこには教師、昆野安雄の大きな影響があった。

昆野は菅野正男と同じく口内の生まれで、昭和7年に盛岡高等農林学校を卒業、昭和8年から口内農業補習学校の教師として務めていた。昭和8年といえば宮澤賢治が亡くなった年でもあり（新渡戸稲造、小林多喜二もこの年に亡くなっており、それは急速に軍国主義に傾斜し、自由主義、民主主義の精神を失っていった年でもあった）。教師、昆野は、賢治について、高等農林の先輩でもあり、大きな共感と関心をもって注目していたに違いない。

校長であった但木秀夫によれば、昆野は極めて優秀な教師で、学科の教育だけでなく、村の古い建物を利用して生徒と合宿を行ったり、その建物の周辺の荒れ地を開墾して畑作栽培の実施指導を行うなど、実践的な活動にも熱心に取り組み、生徒からも大きな信頼を得ていたという（「菅野正男君の御霊前に捧ぐ」但木秀夫）

そもそも農業だけでなく俳句や詩など文学を教えたのも、昆野が文学好きというばかりでなく、賢治の生き方やその「農民芸術」の影響があったと推察される。授業の中で昆野は賢治のことを紹介し、「これからの農民は文化的な活動も大切にして、生きがいのある生活を送りたいものだ」「農民こそ芸術の創造者として励まねばならない」「農業の中に祖先から受け継がれた信仰もあるのだ」、というようなことを語ったのではなかろうか。あるいはまた賢治流に「君たちの中には天才がいる」とも語ったのではないだろうか。「日本一の百姓」とは、そういう、賢治流の「生活即芸術」の生きがいある、人間的にも立派な、尊敬されるような「百姓」であって、名声や収入に恵まれるといったことではなかった。

菅野の理想は清く、そして高かった。しかし、現実には生活していくのも困難で、住む家さえ持たない貧しい小作人である。借金から解放され、農家としての自立がかなえられて初めてそうした「日本一の百姓」にもなれるはずである。まずは目の前の「貧困」を解決しないことにはどうにもならない。それが菅野の現実に直面している差し迫った問題だった。

教師、昆野は口内農業補習学校において、菅野正男の14歳から18歳までの、人生で最も多感な時期を受け持ち、大きな影響を与えた人である。義勇軍の拓士として満州に渡る決意をした後で、菅野は恩師、昆野に一通の手紙と一冊のノートを手渡した、その手紙の中で次のように書いている。

先生、ながらくの間、色々とお世話様になりました。私は先生に教えられ励まされて農業を好きになりました。そして又、農業の尊さを知りました。恐らく私の生涯から農業が離れることはないと思います。入学してから今日まで満四年、一日として先生の御恩を被らない日はありません。その間私は幾度か試練に遭いました。先生はその度ごとに陰に陽に私を慰め、励まして呉れました。

この手紙を読むと、菅野正男が素直な、優しい生徒であったこと、昆野先生が面倒見のよい親切な教師であったこと、そしてまた、いかに菅野正男が昆野先生を尊敬し、慕っていたかが窺われる。

菅野の農業に寄せる思いは、この教師、昆野安雄の思想、農業観を知らなくてはならない。しかし、残念ながら著述家ならぬ昆野にまとまった著作があるわけでなく、遺稿集が出されたらしいがそれも手に入らない。昆野が農業、農業教育についてどういう思想を抱いていたかを知るのは難しい。しかし、前述したように賢治の影響は無視できないだろう。その賢治から昆野へつながる重要な存在として松田甚次郎の存在がある。そしてさらには、菅野正男が飛び込むことになる満蒙開拓青少年義勇軍の創設者、加藤完治の農の思想がある。

加藤完治は満州農業開拓移民の強力な提唱者であった。昭和7年3月1日の満州国建国の以前からすでに加藤は満州移民を積極的に推し進めようと荒木陸相に進言、農務官僚の石黒忠篤、関東軍の東宮鉄男《かねお》と共に満州移民を画策した。

東宮はいかにすれば満州を日本が安定的に支配できるか、いかにしてソ連の侵攻から守られるかを考えた。ソ連の侵攻を許せば満州国は崩壊し、共産主義の脅威が朝鮮半島を通して日本にまで及ぶ。柳条湖事件、満州事変を通して手に入れた満州国は、防共線としても絶対に守り抜かねばならない、と考えた。「関東軍は満州を守り、その保護のもとに開拓農民を送り込み、我が国の農業を守り経済を発展させる」という作戦だった。

しかし、昭和12年7月7日の盧溝橋《ろこうきょう》事件に始まる日中戦争は、大日本帝国の領土を南方に拡大して行こうとするものであり、そのために満州の警備が薄くなった。そこで不足する兵士の代わりにまだ成年に達しない青少年を使うのが良い、と考えた。義勇軍の存在はまさにそうした関東軍の不足を補う戦力としてひそかに期待されたのである。

一方、加藤完治は、農政学者、農業教育者として、行き詰まった農村経済、貧困にあえぐ農村を救済したいという強い願いがあった。関東軍の補充部隊になるということまでは、考えなかったかも知れないが、いずれにせよ国民皆兵の時代であり、20歳になれば皆、徴兵される。天皇陛下に、大日本帝国に捧げた命である。

考えてみれば、命の安い時代だった。「兵士の命は馬より安い」とも言われていた。

加藤は農政学者、農業教育者として農村の貧困問題をいかにして解決するかを考えた。その結果、「狭い日本、過剰な人口を抱えた日本が経済的な困難を乗り越えるためには満州開拓移民以外にない」という結論を出した。しかし、高橋是清《これきよ》蔵相はじめ多くの人が「極寒の荒野、満州の開拓など、苦労するだけだ、日本人には困難だ」と反対した。そうした反論を説得して、加藤は昭和7年には日本国民高等学校（農業教育のための学校で、加藤は茨城にある同校の校長でもあった）の分校を奉天（現、瀋陽）北大営に設立し、第一次武装移民492名を佳木斯（チャムス）に送り込んだ。日本は国際連盟を脱退し、世界の支持を得られないままに、こうして満州移民を着々と進めていった。昭和11年に勃発した二・二六事件によって満州移民に強く反対していた高橋是清蔵相は射殺され、軍部の力は一層増して政治を動かすようになっていった。そういうことを背景として昭和12年には義勇軍設立の建白書が提出され、翌年4月10日、義勇軍の4700名が大挙、満州に渡った。

菅野正男は実にその名誉ある第一陣の一人としてその中にいたのである。

加藤は打算や駆け引きを知らぬ、まじめな農政学者、農民教育者であったと思う。満州開拓移民を推進した加藤の行動は、一途なものであり、そこに私利を図る打算はなかった。だが、それと満州開拓移民の政策提言、わけても義勇軍の設立が正しかったかどうか、ということは別の問題である。

満州開拓の背景には、国内の不景気、農村の凶作や不作などを背景として高まっていった天皇制を支柱とする国家主義の思想があった。また個人の権利や利益、社会集団の自律性や自由な活動を認めず、すべてを国家の統制のもとにおく全体主義（ファシズム）の思想があった。そのような思想を背景として軍事力の強化を目指し、政治や経済、文化、教育などすべての生活領域を軍事に従属させようとする軍国主義の風潮が高まっていく。義勇軍は軍国主義国家「大日本帝国」が生み出した残酷な制度であった。

賢治の死（昭和8年）の翌年、加藤完治は『日本農村教育』を出版している。その序文は満州旅行中、新京の大和ホテルで書かれたものであるが、それによると、加藤は赤城山で死に直面し、偶然にも「生を肯定して始めて農の意義を知って」役人生活を打ち切り、農民、農民教育者として、鋤《すき》、鍬《くわ》を取るようになった。その始め、農業は天地を友として一人、自由独立の人間として、実践できるものだと確信していたが、実際に取り掛かってみると、孤立して行えるものでない、と気づいた。そう述べた後で、次のように書いている。

幸いにも僕は筧克彦《かけい》先生に導かれて日本精神に触れた。日本精神と言ったところで、実はこれは我らの先祖が我らに残してくれた唯一の遺産であって、苟《いやしく》も日本人と言う日本人のピカピカ輝いている其の魂である。此の日本精神に覚醒した僕が自我本位の生活から脱却して、家、村、国を透して人類社会の真の平和、世界文明の建設に自己を捧ぐるに至ったことは当然である。誠に現在の僕としては、万世一系のすめらみことの御総覧の下に大日本と言申す大生命に帰一して生活せんとすることが心からの念願であり、ソウセネバ生きてゆかれぬ人間が僕である。然しながら我等は只、漠然と大日本と申す大生命に帰一することは出来ぬ。殊に動かぬ土地を基礎にして行はるる農業を業とする農民であれば、その農家、その農村を透して始めて真に大日本と申す大生命に帰一し得るのである。茲《ここ》に於いて、僕は農家、農村、大日本帝国に対する僕の所信を明らかにし、併せて日本精神が農民に宿って、色づけられた日本農民魂及びその鍛錬陶冶《とうや》につきて、一言、述べた次第である。蓋《けだ》し、我が国に於ける農村教育、即ち日本農村教育は此の日本農民魂の鍛錬陶冶をその目標とせねばならぬと確信するからである。

「万世一系の天皇」のもとに「大日本」という「大生命」があり、天皇と国家は一つである。一言でいえば国家主義的皇国思想である。天皇が統治権の主体である、という国体明徴《めいちょう》運動が政府の支持するところとなり、自由主義や民主主義、共産主義、信仰の自由はすべて否定され、生活のあらゆる分野で国家主義的統制が広がっていった。美濃部達吉の天皇機関説は否定され、その著書は発禁となった。天皇は神であり、日本は万世一系の天皇の統治する皇国、神国であるから、国民はお国のため、天皇陛下のために命を捧げなくてはならないと教えられた。軍部の権力は強まり、軍事費はますます増大、血盟団事件、五・一五事件や二・二六事件などのテロが多発、国民（作家、学者、政治家などを含めて）は自由に発言することすらできなくなっていた。そうした中で学校教育を通して幼い子供、少年たちにさえ、皇国史観という「洗脳的な教育」（ある義勇軍の体験者は私にそう語った）が浸透していく。

加藤や松田の、そして教師、昆野の思想は、「農本主義」と呼ばれる主張で、農業こそ国の基盤であり、農村の貧困を解決することこそ最も重要な国の課題だと考え、都市的な文化を批判し国民の共感を呼んだ。それは賢治にもみられる思想である。賢治の農村救済の思想、行動はそれを知る人にとっては、感動的なものであったが、個人の善意だけでは農村の失業や人口過剰、食料難、貧困といった問題を解決できなかった。賢治の死以後、農村問題、特に農村教育の問題を考え、農民教育者として実践したのが加藤完治だった。

その賢治や加藤の教えを受け継ぎ、故郷の山形に「最上共働村塾」を作り（昭和7年）、文化農民運動に取り組んだのが松田甚次郎である。昭和13年に出版された松田甚次郎の『土に叫ぶ』は、松田が高等農林卒業直前に賢治と出会って生涯の指針を得た、という話から始まり、加藤完治の校長を務める日本国民高等学校で一年間学び、農業技術と農民としての自覚、信念を得て、郷里山形の鳥越において農村劇を上演、農民の文化向上運動を実践した10年に渡る記録である。この著作は、翌年、松田の手で出版された『宮澤賢治名作選』と共に大きな反響を呼んだ。

昭和11年の菅野の日記には政治にかかわる記事や感想はほとんどない。ただ例外として、2月27日の項には次のような記述がある。

今朝も相当寒かった。午前に兎の交尾をした。雄は富館から借りた。縄綯《な》い3束、午后、藁《わら》打ち6束、縄綯い5足。250尋《ひろ》あった。明日は長力さんが縄を買いに来るはずである。

昨日午前5時頃、東京に於いて岡田首相他2名殺さる（後に岡田首相は無事で、殺されたのは別人であることが判明した）。他3名負傷とのこと。時局はいよいよ悪化。何物の仕業かは知らぬが、内外共に乱れるとは心細い。何時起こるか東洋大戦が？

暦の上では春とはいえ、厳しい寒さ。家計を助けるために飼っている兎の交尾、縄綯《な》いや藁《わら》打ちでわずかな金を稼ぐ貧しい暮らし。15歳の菅野がそうした日々を送っている時、日本中を震撼させる大きな事件が起こった。二・二六事件である。陸軍の皇道派青年将校たちが国家の改造、統制派の打倒を目指して約千五百人の部隊を率いて首相官邸などを、襲撃したクーデターである。蹶起した兵士たちは貧しい農家の出身者が多く、農村の貧困の解決を訴えてもいた。クーデターは失敗したが、軍部は身を引くどころか、ますます政治に介入するようになった。事件を機に軍国主義の風潮は高まり、日本は世界各国から非難される独善的国家へと変化していった。満州移民も関東軍の手によって一層、積極的に推し進められていった。児童生徒は「大日本帝国の兵士」として育てられていった。義勇軍に参加する下地は、学校教育を通して準備されていた。

日記末尾に見える「何時起こるか東洋大戦が？」という不安はまさに的中、日本ははて知らぬ日中戦争、そして太平洋戦争という地獄のような深みに落ち込んでゆくのである。

昭和11年、菅野は初めて関東軍の宣伝による満蒙開拓青少年義勇軍の募集講演を聴いた。それに関して、9月19日の日記には次のように書かれている。

今日は普通招集日であったので、朝食後直ちに登校す。午前中は運動会の協議1時間と教練3時間であった。午后は教練1時間を終わる頃、聯隊区からお出での加藤三郎少佐が来られた。そして午后2時半頃より満州の風俗や満州事変の骨子、実戦談等の講演があった。最後にこれからの満州と我らの覚悟ということについて話された。夜は満州事変5周年記念映画会があって自分も見に行く。

一言も感想など書かれていないので、菅野がどのように感じたのかは分からない。だが、続いて昭和13年2月1日、青年学校で県の社会教育課の満蒙開拓青少年義勇軍の募集講演を聴いた時、菅野の心は大きく揺すぶられた。それはアジテーションまがいの演説に「煽動」された、といっても良いかもしれない。義勇軍への参加という行動に結び付くからである。

教師である昆野もその講演を聞いていたのであろう、それについて「天下国家の情勢を詳らかに説き、満蒙開拓移民の重大性を論じた言々句々、多感な正男君の血を湧かせ沸らせた」(「出藍の誉」)と書いている。

どのような講演だったか。その内容は記されていないが想像は出来る。例えばこんなふうであったろう…

日清、日露に始まる大日本帝国の栄光、それは多くの国民の血と汗を代償として得た貴重な遺産である、その明治の遺産を守ることは昭和の日本人の義務である。満州に、五族協和、王道楽土の理想国家を作ろうではないか、すでに昭和12年、今後20年間に、100万戸、500万人の満州大移民計画が国策として定められている、満州に渡れば一人、10町歩もの広大な未墾の土地が与えられて、そこには肥料もなしに豊作が約束されている、どうだ、君たちもこの建国の聖業に参加すべく満州に来ないか、残念なことはただ一つ、「匪賊《ひぞく》」と呼ばれる反日、反満の不正な輩《やから》がそれを解せず、妨害していることである…

正男は父に満州に行きたい旨、告げた。姉にも同意を求めた。年老いた父を捨てていくことが良いのか、炎天の下で顔中に汗を流して田の草をとる母を置いて行って良いのか、長男であり、男一人の家だから、両親のもとで働くことが自分の使命ではないのか…しかし、大日本帝国は今、未曾有の危機、困難に直面している。小我を捨てて大義に生きねばならない、国のため、満蒙の地を拓き、そこに開拓民として生き、日本人として自分を磨くことこそ、皇国の子として生まれた自分の使命ではないか。講演でも言われたように、今、日本は国家存亡の危機にあるのだ…

菅野は思い悩んだ末に渡満を決意した。姉も分かってくれ、激励の手紙さえ寄越してくれた。両親も正男の熱意に折れて了承した。

正男は続いて恩師の昆野安雄に、随筆、短歌、俳句、詩編など54ページにわたって記した「豆文集」と一通の手紙を置き土産に手渡した。昆野は菅野正男の一途な、燃えるような思いにいたく打たれた。

口内の青年学校から義勇軍に志願した少年は全部で7人いた。昆野の胸には、これで県から与えられた指示を守ることができる、という安心感もあった。菅野君ならきっと、立派にやり遂げてくれるだろうという期待感もあった。

3月の末、昆野は内原で訓練に励む7人を激励に訪れた。内原の日輪《にちりん》兵舎で訓練に励む7人の教え子は日焼けして元気そうだった。

3　渡満

4月20日、満州から昆野のもとに一通の手紙が届いた。そこには3篇の詩が記されていた。その内、一篇だけ紹介する。題して「満州の旅」。

満州広いよ　地平の涯は
春の霞で　うす曇り
西か東か　あてども知れず
鳥何処《いずこ》行く　日が暮れる
汽車は走るよ　鉄路は続く

どうせ今宵も　旅枕
若芽にゃ早い　荒野の中で
父母恋し　雉子《きじ》が鳴く

昆野はその年8月、富民協会主催の農業大学があって満州に渡った。菅野達のいる嫩江《のんこう》開拓訓練所を訪問し激励したいと思ったが日程の都合でどうしても行けなかった。そこで哈爾濱（ハルピン）から「クチナイケンジ　ガンバレ」と激励の電報を送った。

明けて昭和14年、昆野のもとに菅野正男から、うれしい便りが届いた。第一次義勇隊臨安開拓団の団長、村崎義隆中隊長の指示で、苦闘の記、小説『土と戦ふ』を書いている、というのである（ちなみに村崎は戦後、岩手の滝沢村の夜蚊平に元臨安開拓団の団員を集めて入植、開拓生活を始めたが、昭和23年に不慮の事故で亡くなっている）。書く前に『土と兵隊』『麦と兵隊』（共に火野葦平の小説）を読んでいたので、「似たようなものの下等なのが出来るように思えてなりません」と書いてあった。

『土と戦ふ』は初め、謄写版で発表され、注目されて「富民」「新満州」などの雑誌に転載された。間もなく、単行本として出版されるや文部省、拓務省の推薦するところとなり、有馬賞、満州文化賞を授与され、「不朽の名著」と評された。

同年の暮れ、菅野は現地報告のため一時帰国、ＡＫのマイクを握って全国の少年たちに「満州に来たれ」と熱弁を振った。どちらかというと口数の少ない菅野はこの時、先生の「イワテノイキヲシメセ」という激励の電報に励まされてか、「火を吐くような熱弁を以って聴衆を魅了した」という。その熱弁、理想の背景に賢治の農民芸術の理想があったことは、昭和15年2月に福田清人（少年文学の作家で、菅野の農民文学賞受賞の選考にもかかわったと推察される）に宛てた次の書簡が示している。

私達は独立の村を建設したならば先づ内地農村で衰退してしまった郷土芸術の再興に 努力するでしょう。宮澤賢治の考えて居た事を私達は満州の大平野の中に実現しようと して居るのです。農村人の娯しみは農村人でつくり上げたものが一番よいと思います。（『菅野正男小伝』伊藤誠一著より孫引き）

小説『土と戦ふ』は、単行本として出版するに当たって冒頭に3編の文章が添えられた。初めの文章は「満蒙開拓青少年義勇軍に就て」と題するもので、無記名であるが、義勇軍の関係者が書いたものであろう。義勇軍とは何か、それは「満州建国の聖なる使徒」であり、「民族協和」を実現し、「東洋永遠の平和」、「新しい東亜建設」のために重い使命を帯びて渡満した年若い青少年である、と義勇軍を紹介した後、その参加資格、訓練の内容、組織などを解説している。これは、ややもすれば不足にもなりがちであった義勇軍の宣伝であり、その勧誘の文章である。単行本に添えられた20枚近い写真（内原訓練所や満州での訓練生活の写真）を見て、この文章を読み、満州への憧れに夢膨らませた少年も多かったであろう。『土と戦ふ』はこうして、義勇軍の宣伝、紹介のために利用された。

だがこの小説は、義勇軍の宣伝のために書かれたのだろうか？　そこにこの小説の狙いがあるのだろうか？

単行本として、出版された時、添えられた2番目の文章は「満州移住協会総務部長」の肩書をもつ山名義鶴によって書かれたものである。その一節を引いてみる。

北満の開拓地や義勇軍の訓練所を視察して来た人たちから、よく「もう少し文化的の設備が欲しい、青少年に文化的指導が必要である」といふやうなことを聞かされる。之は勿論、いふまでもなくその通りなのであるが、私はいつもその言葉があまりに都会的な、そしてあまりに近代風の意味合ひで云はれてゐるのを残念に思ってゐた。（中略）

「新満州」に掲載された菅野正男君の『土と戦ふ』を読んだとき、私は之だと思った。私の予想は間違ってゐなかった。大陸の処女地に鍬を打ち込む力強いその気迫、開拓の激しい労苦に一歩も引くまいと頑張るその悲壮な気力は巧まざる荒い言葉のうちに遺憾なく表現されてゐるではないか。私は読んでいくうちに幾度か眼をしばたたいた。まだ年若い少年たちがたえまなく襲ひかかる艱難と懸命に戦ひながら索漠たる曠野のなかに開拓にいそしむ情景が切々と私の胸をうった。どんな文学者が之にまさる文字を綴ることが出来るだらう。『土と戦ふ』は如何なる文学者のものでもない、十九歳の訓練生菅野正男君の手によってのみ成ることが出来たのである。私はこれを読んでわが思いが漸《ようや》くかなへられたやうな大きな喜びを感じた。

入植、開拓の生活というのは、華やかで、贅沢な都市文化とは違った、忍耐強く、地味な仕事である。しかし、そうした苦しい生活、土に生きる生活こそ真の文化というべきではないだろうか、という主張がここにある。それは加藤完治や松田甚次郎の説く農本主義とも通うものであった。

だが、この小説は訓練生たちの「気迫」「悲壮な気力」「索漠たる曠野の中に開拓にいそしむ情景」を描いたものだろうか？　また別なところで書いているように、「開拓地の雄渾な、そして力強い」文化の現れをこの小説に見ることが出来るだろうか？

小説『土と戦ふ』は満州移住協会の「新満州」誌に発表されたが、そこでも「楽土満州の新しき姿を見よ！　曠野を拓く戦士の奮闘ぶりを識れ‼」という宣伝コピーと共に発売された。「凡ゆる困難と闘ひつつ年若い青少年たちが黙々と開拓にいそしみ興亜の聖業をおしすすめている」姿を描いたものとして解釈、評価されてきた。

しかし、戦後、満州国の建国が侵略であるという歴史的評価が定まった時、この小説もまた大日本帝国の侵略主義、膨張政策を支持するものと見なされたまま捨て置かれてきた。誤れる皇国史観、軍国主義への反感、嫌悪から、小説は戦前の満州国の時代を反映した時局に便乗、権力に迎合した作品として忘れられてきたように思われる。

小説『土と戦ふ』がどのようにして書かれたか。それを語っているのが3番目の『土と戦ふ』の推薦紹介文である。これを書いたのは菅野の上司である哈川《はせん》（ハルピン近郊）の鉄道自警村訓練所長の村崎義隆である。

それによると、『土と戦ふ』は菅野を含む「少年拓士」の先駆者、300名の一団が、昭和13年4月、嫩江《のんこう》開拓訓練所に入所して1年の基礎訓練の時代の「飾りなき生活記録」だという。確かに義勇軍の拓士は内原で訓練を終えた後、この嫩江開拓訓練所で1年訓練を受けた後、哈川鉄道自警村訓練所で本格的な入植、開拓生活に入っている。小説はその一年間の基礎訓練の記録で、嫩江の訓練所で毎日書かれた日記をベースにして小説化したものであろう。菅野はきめ細かに日記を書くことを習慣にしていた。特に満州での体験は苦難に満ちたものとはいえ、新鮮で刺激的なものでもあったろう。

村崎は菅野が文学に関心のあることを知り、小説を書くことを勧めた。満州に文化の根を息づかせることは、前述したように満州移住協会でも奨励していることだった。

村崎は『土と戦ふ』の内容について次のように要約している。

この書は弱い体と貧しい心の持ち主によって書かれた文学的な素質もない

一個の小農民としての多忙な作業の余暇に書かれた。粗雑な筆の運びではあるが、それだけに訓練生らしいひたむきな真実が露に出てゐる。全編に於いては春、夏、秋の慌ただしい気候の変化に追ひ回されながら、ほとんど無我夢中に闘ひまくったことが劇しい感情で綴られており、後編に於いては、冬籠りの中に半歳の奮闘の跡を懐古し、反省と勉学を通して将来への憧憬を滲ませてゐる。前編の様な荒々しい迫力はないが苦闘を通して與へられた数々の教訓が全てのものを凍らす吹雪の中で、静かに咀嚼され、吟味されてゐる。

私はこの解説にも疑念を抱く点がある（例えば「粗雑な筆の運び」とか「将来への憧憬を滲ませてゐる」などといった指摘は正しいのだろうか）が、それはさておいて、もう少し詳しく小説の内容を具体的に箇条書きにして拾ってみる。

○4月も25日というのに固く凍った土塊、厳しい寒さに岩手出身の拓士も驚く。

○地ならしもしないで、地面から直に柱を立てて三角に組み立てた骨組みにアンペラを二重に張っただけの宿舎に幻滅を感じる。

○満人はどこの家でも豚や牛を飼っており、その死体が所かまわずが散乱している。さらに軒下や道端で平気で脱糞している満人の不潔さに驚く。
○草の実や砂の混じった食えそうもないあわ飯を食う。
○「神様は吹雪という試練に合わせて君たちを立派な開拓者にしようとしている」という先生の訓示、それを聞いて菅野は気を引き締める。
○毎朝、食事前に駆け足で行われる丸太運び、そのなかで落伍していく拓士も出てくる。
○便所に日増しに増えていく痔による出血の跡を見て不安になる。アミーバ赤痢にかかって体力を落とすものも続出する。
○ろくに洗濯もしない垢のついた着物に取りつくシラミ、それはもし親たちがこれを見たらさぞかし涙ぐむであろうと思われる。
○おかずのない昆布汁だけの栄養不足が祟って、鳥目になるもの、脚気になる者、絶望し、悲観して嘆く者がいた。
○「屯墾《とんこん》病」（加藤完治の作った造語）といわれるホームシックに拓士は襲われる。しかし、帰りたくても帰ることもできない。
こうして列挙すればきりがない、監獄もかくや、と思われるほどの衣食住すべてに渡って、劣悪な環境であり、生活である。それが令和の世に生きている私が、この小説を読んだ率直な感想である。これは私一人ではあるまい。

義勇軍の少年たちはいずれも貧農の子供たちで、貧しい衣食住に慣れていて、比較的素直に過酷な環境を受け入れている。小説『土と戦ふ』も、こうした環境に正面切って抗議したり、批判したりはしていない。

しかし、抗議や批判が全くないわけではない。不平や不満の呟きが所々に出てくる。特に末尾の「命令」と題された章にそれが見られる。重い荷物をもって次の訓練所に移動するのに、トラックも出してくれない。荷物は余りに多く、それを限られた時間で運ぶことなど到底無理なのである。それなのにトラックも出してくれない過酷な待遇、その不合理を前に少年たちの怒りは爆発しそうになる。主人公（菅野）は皆が黙りこくっていることに耐えきれず、「先生、どうしてトラックが来てくれないんですか」と抗議する。だが先生は「どうしてとも解らない」と言い、「出来るだけ力を尽くしてトラックが使えるように交渉する、だから君たちは黙って命令に従っていればいいんだ」と答える。だが少年たちは納得できない。先生は「聞き分けのない――」と怒る…この小説で一番、緊張をはらんだ場面である。義勇軍の少年たちの怒りは、爆発寸前、暴動がおこる可能性もあった。現に、義勇軍の拓士であった人たちの記録を読むと、数は少ないが、幹部の先生に反逆し、暴動を起こしたという例も出てくる。指導者に人を得ない中隊にあっては、先生たちに逆襲した例もある。良き教師に導かれている義勇軍は、その先生に対する絶対的ともいえる信頼感に支えられて、矛盾や不合理を乗り越えた。劣悪な環境を受容し、戦う力となったのは、その幹部の教師に対する信頼感だった。

基本的には少年たちの心を支えたのは国家神道だった。「礼拝」と呼ばれる儀式で「君が代」を歌い、皇居の方角に向かって礼拝し、「みたましずめ」で黙想し、軍歌を歌い、大和魂、日本精神を説く説教が続く。それが頑張る力となった。多くの義勇軍拓士は、世間を知らない、まだ判断力も未熟な、素直で、純朴な少年たちであり、小学校入学以来教えられた神国日本、皇国日本を信じていた。神武天皇の建国に始まる「八紘一宇《はっこういちう》」の精神に基づいて、満州国の建国の理想に生きなばならぬ、自分たちはその先駆者なのだ、という使命感と誇りが少年たちの信念であった。その信念のもとに苦難に耐えたのである。

小説『土と戦ふ』は、結局のところ、一体何を描いたか、というより、どう読まれるべきなのか。心静かに先入観を払ってこの小説を読んでみると、私にはうめき声が聞こえる。それは義勇軍の賛美どころか、このような制度を生み出したもの―軍人、政治家、教育者、大人たち―に対する、言葉として表現できない精神と肉体の苦痛のうめき声である。そのうめき声こそこの小説が伝えたかったことであり、それは同時に菅野たち十代の、殉難の義勇軍拓士が聞き取ってほしかったことではないだろうか。この小説を読む者は、そのうめき声の正体を突き止めて言葉にすることが求められているのではなかろうか。

小説『土と戦ふ』とは別に、菅野正男は嫩江《のんこう》や哈川（ハセン）で訓練を受けながら同時に「義勇軍便り」と題して、日本（岩手）に満州開拓地での生活ぶりを紹介している。一種の報告文で恐らく上司からの指示で書かれ、新聞か、雑誌などに発表されたものと推察される。小説が持っているような緊張感、緊迫感はなく、親しみやすい語りかけのスタイルになっている。明るい書きぶりで、小説とは大分、ニュアンスが異なる。その一節を引いてみる。

楽しい食事が終わって7時の礼拝までは友へ手紙を書く者あり、形見にもらったハーモニカを吹く人、郷里の自慢話や謎々をやって無邪気に騒いでいる人、腕角力をする人、昨夜の仇を取ろうと将棋盤を睨めている人など様々だ。その人も、どの人も、今日の任務を恙《つつが》なく果たしたというので安心しきっているのだ。7時の点呼ラッパで外へ出て、一日の無事を神に謝し、遥か東の故国を拝して後、軍歌を唄って解散する。
再び前の状態となり8時の舎内点呼を待つ。舎内点呼のラッパが鳴れば小隊長の指示で一斉に乾布摩擦をする。ヨイサヨイサの掛け声も勇ましく、寒さを追いまくる元気だ。この時の意気で将に宿舎も割れん許《ばか》り。
「我等の前途には何物もないッ」と当たって砕けろ主義の輪が岩手健児は、北満の野に万丈の気を吐いている。

報告書は岩手の故郷の人を意識して「自分たちも頑張っていますよ」というようなタッチで書かれている。そこには、自分たちは故郷の代表なのだ、ここに「第二の岩手」を作っているのだ、という誇りもあった。エリート意識である。先生もそう教えた、君たちは建国のために選ばれた人材なのだ、と。

しかし、義勇軍に参加を希望する人は、政府や軍部の期待するほど集まらなかったようだ。昭和14年10月6日の日付で「派遣隊―小拓士報告書」と題された満州開拓の報告の手紙には次のように書かれている。

私たちは県人の進出が鈍っているのではないかとそれが不安です。開拓事業は決して楽ではありません。然し、苦しみと楽しみは、凡そ何処へ行ってもついてくるのではないかと思います。一時の苦痛に負ける人には来てもらいたくありません。国家と遠い将来を思う人はどしどし来て下さい。今が時期です。私たちは待って居ります。

ここにはいち早く義勇軍に参じたものの、期待した通りには後進が続かないことに対する焦りにも似た思いが潜んでいるように感じられる。義勇軍の存在は青少年の憧れでもあったが、一方で特に父兄から子供たちを危険にさらすものとして警戒の目をもって見られていたのである。

4　菅野正男の死と死後

昭和16年5月19日、菅野正男は富拉爾基（フラルキ）療養所で亡くなった。21歳の若さであった。教師、昆野はその原因を昭和14年の暮れに一時帰国して、席温まる暇もない慌ただしい現地報告行脚の無理がたたったのではないか、と推察している。しかし、私は北満における義勇軍の生活環境が死を招いたように思われてならない。

菅野の死に至るまでの経過を同じ口内出身でやはり義勇軍に参加した島田清徳の「菅野正男君の死に立ち会って」によって少し辿《たど》ってみる。

昭和15年4月、訓練生もやや満州の気候風土に慣れてきた頃、義勇軍には肋膜炎を病む者が多くなってきた。島田も風邪をこじらせて湿性肋膜炎と診断されて斉斉哈爾（チチハル）の満鉄病院に入院した。島田が退院すると、それに代わるように菅野も入院することになった。しかし満鉄病院は満員のため、同じ斉斉哈爾市内の個人病院に入院した。島田は全快したが、菅野の病気は快方に向かわず、遂に富拉爾基の満鉄療養所に転送となった。菅野の病状は悪化し、遂に個室に移り死を覚悟するまでになった。しかし、気持ちはしっかりしていて、枕元にはノートと日記帳を置き、体力の限り書き続けていた。医師、看護婦、付き添いの寮母、小林みよ等の見守る中で菅野は静かに永眠した。

「こんなはずではなかったのに」「さぞかし無念であったろう」「どんなに悔しかったろう」と島田は菅野の死に憐れみの涙を流した。小林みよの回想（「菅野正男さんの思い出」）によれば、病名は「喉頭結核」とあり、その死について「弱冠14、5歳の少年たちが遠い国、満州に当時の国策とはいえ、開墾の鍬を赤い夕日の大地に打ち下ろした精神こそ、神の仕業のように思われます」「可哀想で可哀想で、あの頃のことは悪夢のように」思い出される、と書き「肉親のないところで病魔と戦ってご他界遊ばされましたお姿は、私としては一生忘れることは出来ません」と結んでいる。

訓練所で告別式が行われた後、遺骨は無言の凱旋。口内の宗賢寺で村葬式典として行われた。強い風雨に打たれた樹木も、あたかも菅野正男の死を嘆くがごとく咽《むせ》び泣いていた。恩師である昆野安雄は菅野の死を悼んで「葬送譜」を作った。（末尾のカギカッコは詩の標題）

岩手口内　草深き
荒野を拓く　鍬の音
齢《よわい》僅かに　十五歳
姓は菅野　名は正男（「双葉」）

満州開拓　義勇軍

岩手の健児　　三百余
七人の郷友よ　いざ行かん（「雄図」）

血と汗をもて　綴りたる
「土と戦ふ」　永久に
文化の誉れ　　いや高く
開拓史上に　輝かん（「土と戦ふ」）

死の近いことを意識した時、菅野はどのような思いだったろうか。死の年、昭和16年に書かれたと推察される「空想日記」と題する発表された日記がある。日記は「康徳27年」に書かれたという設定になっている。「康徳」は溥儀の別称で、満州国の元号として使われた。帝政を敷いた昭和9年が康徳元年で、「康徳27年」に、「入植二十周年の慶祝大行進」が行われた、というのだから、「康徳7年」即ち昭和16年の現在を、20年後の未来からとらえて書いているということになる。それによると日記の書き手は結婚して16年、4人の子供がいて家族全員が農業に協力して打ち込んでいる。末尾の一節を引いてみる。

満州で肥料を与えて百姓するならやめてしまった方が良い、などと他の人からは言われながらも興安村は堆肥を作って地力の維持に努めたため、二十年たった今日でも入植当初に比較してそう地力は衰えていない。

しかし、馬鈴薯や白菜にはどうしても肥料がいるし、小麦も肥料をした方が成績が倍加する。肥料のことを考えていると、自分はいつも内地のことを思い出す。肥料代に責められて行き詰まってしまった農村を。

しかし、あの時の農村の疲弊が、日本の大陸発展を一歩、早からしめたともいえよう。

満州入植は成功し、平和に農業に打ち込み、二十年前の苦労も笑い話となっている。開拓の成功を夢見つつ菅野はこの年に亡くなった。現実には、大日本帝国はその1年余り後、アメリカとの戦争を始める。

昭和20年8月9日、日ソ中立条約を破って突如、ソ連軍が57万の大軍をもって侵攻、それに続いて満人の逆襲。絶望の果てに多くの開拓民が集団自決した。難民と化した開拓民は飢えと病に倒れた。27万の開拓団員のうち約8万人が亡くなった。うち義勇軍では8万6千人の参加があり2万4千人が亡くなったという。満14歳から19歳という十代の青少年の死者の多さ。

菅野正男が大日本帝国の滅亡を知らずに、夢抱いたまま亡くなったことはある意味で幸福だったろうか…

昭和57年、小説『土と戦ふ』は再びよみがえった。その復刻版が出版されたのである。刊行委員長は小田耕一、戦前は満州開拓主任官であり、戦後は引き揚げてきた開拓民の生活支援にあたった人物である。副委員長として柳原昌悦があたった。柳原は宮澤賢治の教え子で、小学校の教師を辞して渡満、青少年義勇軍の北上開拓団中隊長となった人である。委員として堀忠雄（岩手県満州開拓自興会会長）らを中心として義勇軍の関係者が中心となって発刊された。

そこには亡き同志に対する熱い友情があり、戦後も失われることのなかった固い絆があった。だが、それ以上に「無謀な戦争の蔭で軍人でも無く関東軍の後方を守り、食糧生産のために望郷の念おさえがたく、汗と泥にまみれて泣いた若い時代の記録をこのまま消してはならない。同志の霊に捧げるためにも出版しようという深い哀惜の情があり、「平和への祈り」があった。中村直岩手県知事、衆議院議員志賀節、同じく東家嘉幸、参議院議員板垣正ら政治家も支援し顧問となった。

復刻版の『土と戦ふ』には菅野の日記や追悼の文章、「開拓地の春」など、満州における生活と心情を報告した通信的な文章なども収録されている。本の装丁は昭和13年義勇軍に入隊し三江省の勃利訓練所に入隊、漫画家坂本牙城が手掛けている。坂本は水墨画家、漫画家として知られた人物で、満州に渡って漫画の好きな訓練生を集めて指導したことでも知られている。

私はこの復刻版の『土と戦ふ』をもとに、このささやかな評伝を書いた。平和と豊かさを誇る現代日本で、多くの人に『土と戦ふ』が読まれ、菅野正男の名が軍国主義の犠牲者としてその悲劇的な生涯と共に永久に記憶され続けることを願っている。（本稿は一部『北の文学』75号に発表したものです）

六　奪われた青春――佐々木慶次の半生

1　満蒙開拓青少年義勇軍の青春

満蒙開拓青少年義勇軍――今や、ほとんど忘れられているその名は、昭和10年代の一時（義勇軍の創設は昭和12年）、多くの青少年の心を捉えたあこがれの対象であった。私がこれから書こうとしているのは、満州国に生きた義勇軍の一人の青年の物語、軍国主義によって青春を「奪われた」一人の青年の物語である。

青春――それは自由の季節である。自己を見つめ、自分が将来、社会人（大人）になってなすべきことは何か、生涯の仕事を探し求めて、それに向かって準備する季節である。それはまた恋の季節、恋の喜びとその悩みを経験する季節でもある。

それは大人と呼ばれる、安定した、自立した人間となる準備期間である。その準備期間として重要な役割を果たしたのが近代社会の生み出した「学校」という制度である。

学校は労働という社会的な任務から免除された自由な場所であり、そういうモラトリアム（猶予）の期間が与えられることは、近代社会において当たり前のこととなっている。

しかし、過去を振り返れば、青春は必ずしも自由に自己を育てる場、個性や才能を伸ばす場としての役割を果たしたわけではない。それどころか学校が青年の自由を抑圧し、若い命を奪う場として機能した時代もある。

日本が「大日本帝国」と呼ばれ、その傀儡《かいらい》国家として満州国を持った時代（昭和7年～昭和20年）——それは国民皆兵の制度化のもとに、かけがえのない命がやすく奪われ、青春が奪われた不幸な時代だった。政治、経済、文化など社会のあらゆる方面において、戦争に勝つことだけが優先された「軍国主義」の時代だった。そこでは思想の自由、表現の自由、教育の自由は認められず、国家権力によって神がかった皇国史観が強制的に教えられ、信じ込まされた暗い時代だった。そこで行われたことは、「教育」とは名ばかりの「洗脳的教育」であり学校は「兵士」を作る場であった。昭和16年、「小学校」に代わって新たに成立した「国民学校」では、「天皇の赤子」皇民の育成・訓練が目標とされ軍国主義教育が一層徹底した。

昭和20年に生まれ、民主主義・国民主権・平和主義の教育を受けた本文の書き手である南部駒蔵はぞくぞくと肌の泡立つ思いを感じながらそう思う。この世に生を受けたのが、もし二十年前だとしたら、とても生きていけないと思う。体格は貧弱、運動神経も鈍く、意気地のない駒蔵は、もしこういう軍国主義の時代に生れ、義勇軍に入っていたら、間違いなく落ちこぼれて、いじめの対象となっていたに違いない。鉄拳を浴びせられて不合理な苦痛に涙したに違いない。しかし（当たり前の話だが）私達は生まれる時代を選ぶことは出来ない。豊かな、安定した時代（社会）に生まれた者は、せめて歴史を学んで軍国主義の不幸な時代（社会）を知るべきである。「戦争を知らない人間は半分、子供である」という大岡昇平の名言がある。不幸な時代を知らない人間は、その成熟がどこか十分でない、戦争はある意味で人間の真実を教える。世の中が甘くない、不合理な暴力に満ちていることを知らしめる。そう考えれば、「戦争を知らない子」といって無関心を装うのではなく、せめて歴史に触れて想像力によって戦争を「体験」すべきかも知れない。

2　内原訓練所まで

佐々木慶次は大正15年4月7日、岩手県の江刈村（現・葛巻町）で生まれた。この年は大正時代最後の年、昭和元年であり慶次は、昭和の全時代を生きたことになる。

慶次の家は、ヒエ（稗）作り農家で家族は両親に子供が6人、8人家族であった。慶次は4

男で末っ子だった。葛巻は当時、田んぼがほとんどなく、多くの人々はヒエと野菜を作って生活していた。食事はどの家庭でも、盆や正月など、特別な日以外は、毎食、ヒエを常食とし、それにダイズやササゲ、ムギなどを入れることもあった。牛を育てて、搾乳で生計を立てている家もあった。

慶次の父は馬喰《ばくろう》もしていて、家は牛方を泊める博喰宿でもあった。父は人に厳しく頑固な性格だったので、恐れられて「警察」とあだ名されていた。

慶次は昭和8年、五日市小学校に入学、尋常科6年、高等科2年を経て昭和15年3月25日に卒業した。といっても慶次は卒業式に出ていない。3月15日に義勇軍の内原訓練所に向かったからである。

「義勇軍として満州へ行けば3年後には、一人当たり10町歩もの広大な農地を持つことが出来る」

こういう宣伝が山村の小さな学校にまで聞こえていた。義勇軍の道を選択することも、進路の一つとなっていた。しかもそれは、大陸に渡り、「五族協和の王道楽土を建設する」という、夢のような話

佐々木慶次さん

である。先生は熱くなって、満州の夢を子供たちに語った。

「狭い、人口の過剰な、農地もない日本で、暮らすより、広い大陸に渡り、百姓をやってみないか。食料を増産してお国のため、天皇陛下のために尽くすのだ。どうだ、この大御心《おおみこころ》に叶うこの聖業に参加しないか」と。

14歳の慶次は難しいことはわからなかったが、担任の先生の熱い口調に心動かされた。それに義勇軍に入れば、大訓練所で3年間訓練に励んだ後、開拓団に入って、やがては10町歩もの広大な土地が持てる、そこで好きな農業が出来るのだ、という。自分の田畑を持って百姓が出来る、親を呼んで孝行もできる。先生の話を聞いて、慶次は興奮して夜も眠られなかった。心はすでに満州に飛んでいた。

勇気を出して「満州さ、行がせでけねが(行かせてくれないか)」と両親に持ち掛けると「わがね(ダメだ)、そんたら遠い、寒いどごさ、なして行ぐ気になったもんだが。北満つのあ、シベリアさ、近え。ロ助にやらえるじぇ」と一蹴された。父は「ロスケ」(当時、ソ連をそう呼んだ)を恐れていた。母は慶次の健康を案じて反対だった。

しかし慶次はひるまなかった。

「いや、大日本帝国にあ、負げ知らずの関東軍ついでる。満州さ行げば10町歩の土地もらって開墾できる、地主になれるづー話だ（なれるという話だ）」

先生から聞いた受け売りの話を慶次は夢中になって語った。まるで「満州熱」に憑りつかれたように。

先生が「君だったら大丈夫、どうだ、日本男子としてやってみないか」と慶次の肩を叩いて勧めてくれたことが嬉しくてならなかった。「選ばれた」という誇りでいっぱいだった。

「どうせ、家にいても百姓出来るわけでねえ。小学校卒業すれば家、出て稼がなくてはならね。20になれば徴兵だ。兵隊になって取られるより良いがもしれね」

思い詰めている慶次に両親もやがてあきらめて承諾するしかなかった。

先生も慶次の決心をとても喜び、「お国のために、天皇陛下のために体に気を付けて、しっかり頑張るんだよ」と温かく励ましてくれた。

江刈村の忠魂堂（神社）には日清戦争以来出征して亡くなった人々の忠魂碑があり、境内は運動場のように広く盆踊りや運動会、戦後は牛の品評会などが行われた。慶次はその神社に参拝して無事を祈った。小学校の卒業式は3月25日だったが、義勇軍の入隊の関係で3月15日に学校で特別な壮行式が行われた。全校生徒の前で「満州でお国のために頑張ります」と誓った。晴れがましい登壇だった。

数日して、いよいよ出発、自宅の裏に祀ってある氏神様を拝み、タスキを肩にかけて、出征する兵士のようないで立ちで我が家を出ると、用意してあったトラックに家族や親戚の人々と共に乗せられて小鳥谷駅に向かった。駅に着くと６人の同志と一緒になり、またここでも「万歳」と唱えて送られた。江刈村と葛巻町では五日市小学校から２人、江刈小学校から２人、葛巻小学校から２人、合わせて６人が義勇軍を志願していた。旭日の旗と軍歌はこの小さな駅には珍しい華やぎであった。

これまで旅行などしたこともない慶次は仲間と共に盛岡駅に向かった。盛岡では県の公会堂で初めて柳原昌悦中隊長以下３３３名の中隊員を紹介されて、その一員となった。これから苦楽を共にする14歳から19歳の同志である。紅顔のいかにも田舎育ちの青少年たちばかりだった。県知事などの激励を受けて、その後、護国神社に参拝、盛岡市内を行進して、市民の激励を受けた。14歳の幼い少年たちまで満州に開拓民として赴くのを見て盛岡市民は「偉えもんだ、あんたなガキで満州さ行く」「まだ、あんたにちゃこくて（小さくて）ゆるぐねがべな（楽じゃないだろうな）」などと語り合いながらその無事を祈り、惜しみない拍手を送った。だが表立って反対する声など聞かれなかったが、誰の胸にも戦争への不安が心の底に鉛のように重く沈んでいた…

盛岡駅から夜行列車に乗り、東北本線から常磐線に乗り換えて内原駅（現、水戸市）に着いた。義勇軍に入ると最初、茨城県の内原訓練所で3ケ月（内、一か月は外部での実習）の訓練を受けることになっていた。内原訓練所では厳しい集団訓練で辛いこともあったが、緊張感があり、熱く燃える思いがあった。多くの仲間が出来てうれしくもあった。

忘れがたいのは外部実習で青森県の三本木軍馬補充部に行き、草取りや開墾などの勤労奉仕をして褒められたことである。内原ではサツマイモの入ったメシの味が忘れられない。ヒエ飯ばかり食べている慶次たちにとってサツマイモ入りのメシは「御馳走」だった。内原では家族から食べ物など送られるのは禁止されていたが、中には送られてくる者もいて、没収され泣き顔の者もあった。

内原での訓練を終えて上京、皇居参拝に続いて伊勢神宮に参拝した。その後、福井県の敦賀港を経て北朝鮮の羅津《らしん》で下船、満鉄に乗り換えて義勇軍の大訓練所のある勃利《ぼつり》駅に着いた。勃利大訓練所は牡丹江《ぼたんこう》の北、佳木斯（チャムス）の三江省にあった。勃利大訓練所を中心にして全部で15ケ中隊が周辺に集まっていた。一個中隊に幹部の先生が4、5人、それに寮母がいて、訓練生300名で構成されていた。

3　満州国、勃利《ぼつり》大訓練所から金沙《きんさ》北上開拓団へ

昭和15年から3年間（慶次13歳から17歳）、勃利《ぼつり》大訓練所で訓練に励んだ。慶次は柳原中隊長の信任厚く、かわいがられた。中隊には測量や気象観測、大工や炊事、蹄鉄、鍛冶工、トラック、トラクター、通信、写真、パン、みそ製造など30種類に及ぶ特技班があったが、慶次は柳原中隊長の命で衛生長を務めた。病気や負傷した時の応急処置やお灸など、極めて素朴な医療を行うのである。義勇軍では盲腸が手遅れで化膿し、亡くなる訓練生が多かった。腸を引っ張り出して消毒したがリンゲル注射もむなしく亡くなるのである。痔に悩まされる訓練生も多かったが特別な治療もなかった。恐ろしいのは肋膜（結核）で、死に至ることが多かった。病死する訓練生が多かったが、慶次は特に酷い所だとも思わずに、看護、医療の仕事に励んだ。それには理由があった。仕事で見返してやりたかったのである。

というのは、慶次は葛巻の田舎に生まれ育っただけあってズーズー弁の訛りがひどかった。それを衛生班の仲間に笑われるのである。しかし、笑われてもくじけなかった。かえって「何くそ」と自分に言い聞かせて仕事に励んだ。慶次は表面は温和で、大人しかったが、内心、負

けず嫌いで、父親譲りのきかない根性を持っていた。

もともと器用で、覚えが早かったこともあって、周囲の信任も厚く、衛生班の仕事に喜びを見出すようになっていた。大訓練所の3年のうち、2年間、特技中隊で勤務したので開拓の仕事に携わったのは1年だけだった。


昭和19年4月3日、慶次は勃利大訓練所での訓練を終了して、義勇軍の第四次義勇隊開拓団、金沙《きんさ》北上開拓団に移った。いよいよ本格的な入植、開拓生活に入ったのである。

金沙地区は勃利の大訓練所から東に約60キロの奥地、ソ連との国境に近いところにあった。未開発の原野で、川も流れており開拓すれば良い土地になるように思われた。若者たちの誰の胸にも夢が膨らんだ。まだ雪も残る春先のことだった。行く先々は荒れ地の原があり、湿地があり、未墾の原野が続いていた。進むにつれ、道は細くなり、ついに一列縦隊になって雪解け水の冷たさを足に感じながら進んだ。

慶次は恩師加藤完治先生を思いながら、畑を造成した。食料の補充が間に合わず満人から玉蜀黍《とうもろこし》の粉など譲ってもらった。まだ入植したばかりで、野菜も少ないので雑草も食料にした。

住まいは家とも呼べないような三角形の、丸太を組立てた小屋を作る。「天地根元造り」と呼ばれる造りである。屋根は羊草（ヤンソウ）で覆われ、敷草の藁に30人から50人の小隊が眠る。明かりはローソクと灯油のランプでとった。一度、屋根の草が燃えて火事になったこともある。原始的な原野の開拓住居であるが慶次はじめ義勇軍の若者たちの多くは、かやぶき屋根の貧しい暮らしをしていたから、それが開拓者の「住宅」だと思って、さして驚かない。

河にかける橋を作るための資材を運び杭打ちをして丸太を組み立て橋を完成した。「金沙北上橋」と名付けた。「ここに第二の岩手、第二の故郷を作るのだ」という夢に燃えて名付けたものだ。「北上」という名は、柳原中隊長が啄木の「やはらかに柳青める北上の岸辺目に見ゆ泣けとごとくに」という望郷の歌からとった名だった。「北上市」という名の市が誕生する前の話で、柳原中隊長は文学が好きで、啄木や賢治の詩や短歌を暗唱しており、よく紹介してくれた。元は小学校の先生で、農民でないのに義勇軍に参じた人だった（よく知られているように賢治も農学校の教師を辞めて農民救済の運動に飛び込んだ）。五族協和の王道楽土の国家を建設するのだ、国家の基本は食にある、命を育む農業は聖業だ、などと理想を語り、訓練生に慕われていた。宮澤賢治の教え子で、よく「雨ニモマケズ」の詩を、賢治の思い出と共に語ってくれた。賢治のように貧しい農民のために尽くそう、賢治の思想を満州で実践しようとしたらしかった。柳原中隊の全員が師の感化を受けて、ここに理想の国家を作るのだという情熱に燃えていた。

柳原中隊では、歌をよく歌った。「我らは若き義勇軍」「植民の歌」だけでなかった。「八戸小唄」を替え歌にして歌った。「金沙小唄」である。歌詞は次のようなものだった。

朝日輝く大地の夜明け　駒が出てゆく東へ北へ　白樺林に白煙
月が出た出た夕陽が沈む　遠く鶴鳴く矮肯《わいこん》ほとり　清き北上赤く染む
天が与えた未墾の沃野　汗で築いた波打つ稔り　岩手先覚我が楽土
初雪さらさら冬来る頃は　遥か七里崗《しちりがん》白雪の峰　祖国第二の南部富士

この歌については慶次はシベリア抑留から解放されて帰国する時に、共産主義の「ああインターナショナル」などという歌と一緒に歌ったような気もする、と言う。満州に「第二の祖国、岩手」を作ろうと気持ちがこういう熱い歌を生んだ。劣悪な環境であったが、同じ夢を見る仲間との友情も育まれて慶次には幸福なひと時であった。

それは大陸の花嫁を迎えて新婚の幸福を味わっていた義勇団出身の開拓民にも似ていた。だがそれは共に、余りに短かい期間であった。

4　召集からシベリア抑留へ

昭和20年3月、召集年齢に達していなかったが、慶次は19歳で招集を受け、関東軍兵士となった。帝国臣民として、満20歳になると兵士として招集されるのが、帝国臣民の義務であったが、兵士の不足から繰り上げて徴兵検査が行われた。実はあからさまに言われることはなかったが、義勇軍は関東軍の兵士の不足を補う補欠部隊となっていた。日中戦争に始まった大日本帝国の南進政策は、いつ終わるとも知れぬ泥沼に入っていた。和平のメドもつかないまま中国との戦争が続いていた。それればかりではない。大日本帝国の尊大なる領土拡大、南進政策はイギリスやアメリカとの緊張関係をはらんでいった。

大日本帝国は日ソ不可侵条約で北の安全を確保しつつ南方への進出を図ろうとしたが、そのために満州の安全を守る、開拓民の命を守るという約束は反故《ほご》にされた。関東軍は農民を守ってくれなかった。それどころか昭和20年には開拓団の人のみならず、義勇軍の「拓士」を徴兵して「兵士」とした。

徴兵検査の結果、慶次は「誇り高い」甲種合格となった。5月に入隊、8月の敗戦まで兵役についいた。牡丹江の鏡白光《きょうはっこう》に陣地を作った。ソ連軍の侵攻を食い止めるためである。しかし、「無敵」といわれた関東軍には武器もろくになく、誰の目からみても敗北は火を見るより明らかだった。

慶次は死を覚悟した。どうせ届くはずはない、と思いながら、家族に遺書を書いた。「お国のため、天皇陛下のために名誉の戦死を遂げます」と書き、髪の毛と一緒にして送った。届くとも思われない遺書だった。

後の話になるが、昭和24年、シベリア抑留から解放され帰郷してみると、その手紙が奇跡的にも届いていたのには驚いた。

ソ連軍の侵攻の前では逃げるしかなかった。背丈位のタコツボのような穴を掘り、中に足をかける階段を作り敵の侵攻を待った。戦車が進んで来たら飛び出して爆破させるという目論見だった。しかし、装甲車がタコツボの穴をものともせず進んで来るのを見て、どうにもならないと諦めるしかなかった。背中に5キロの爆弾を背負い、戦車の下になって、戦車もろとも爆発させて死ぬしかなかった。特攻隊と言えばゼロ戦を思いおこすが、これも同じ自爆攻撃であ

り、死を覚悟した特攻だった

義勇軍は関東軍の支配下に置かれた。笹内中隊の遊撃隊で、トーチカ攻撃で匍匐《ほふく》してトーチカ（コンクリートで堅固に固めて内に重火器などを備えた防御陣地）に入る訓練をした。皆、20代の若さだったが、同じ隊には、30代、40代の人もいた。職業も様々で学校の先生や巡査、商人、製材所の経営者までいた。それらの人は義勇軍の人に比べ、動きも鈍く、見ていて気の毒だった。

5 日ソ中立条約と関東軍特別演習

昭和16年4月13日、日本はソ連との間に日ソ中立条約を調印した。近衛内閣の松岡外相はこれによって「北守南進」の機運を強めようとしたのだが、それはアメリカの警戒心を高めることにもなった。

一方でまた、日ソ中立条約を結んだその年、昭和16年の7月2日、独ソ戦争でソ連が不利となるや日本はソ連の攻撃を意図して満ソ国境に30万の軍隊を結集した。関東軍特殊演習（関特演）

と呼ばれるものである。この演習には義勇軍の訓練生も召集された。訓練生はまだ召集年齢の20歳に達していないから、兵士にはならなかったが、柳原中隊の三分の一の訓練生が西東安に派遣されて兵舎に寝泊まりし、弾薬運びをした。大砲の玉を担いで山の中の地下に運ぶのである。毎日のように武器が入ってきた。

慶次はソ連がすぐ近くに見える国境地帯を見て、これはもう生きていられないという不安が胸を横切った。「ソ連との戦争が始まるかもしれない」というので、それに備えるのだ、と聞かされたが、幸いなことに、ソ連はドイツに敗れなかったため、何事もなく収まり、慶次たち義勇軍の少年たちは、一ケ月くらいして中隊に戻った。

この関東軍特殊演習はソ連の対日不信を強めた。日ソ不可侵条約を4月に締結したばかりなのに日本はその3か月後にはソ連攻撃を意図するような行動に出たからである。実際には独ソ戦争でソ連は持ちこたえたのでソ連を攻撃することはなかったが、日本はあわよくば北に侵攻、シベリアまで支配下に治めようとしたのである。これは後にソ連が日ソ不可侵条約を無視して攻撃する口実を与えることにもなった。日本だって、条約を無視してソ連を攻撃しようとしたじゃないか、というわけである。

そもそも日本とロシア、ソ連との関係を考えてみると、日清戦争の時以来、日本はロシアの南進政策を恐れる空気があった。シベリア鉄道を中国の旅順、大連にまで延長し、満州や朝鮮半島にロシアの影響力が及んだ時、やがて日本もロシアの植民地支配を受けるのではないか、という不安があった。その不安が日露戦争を引き起こした。ロシアの攻撃を恐れたのである。大日本帝国は奇跡的にも日露戦争に勝利、ロシアに代わって大日本帝国が満州、朝鮮半島の支配者となった。

日露戦争の勝利によって、日本にとっての欧米列強の仲間に入り日本の名は世界に知られることになった。国民は勝利に歓喜し、日本は正しい国、強い国だという驕りが生じるようになった。中国、朝鮮半島をめぐる争いに敗北したロシアからすれば、日本への憎悪、敵対心が強く生き残った。

大正7年（1918）年のシベリア出兵は、ロシアに共産主義政権が誕生することを恐れてその内政に干渉し反革命軍を支援する軍事行動であった。これもソ連の対日不信を強めた。日本は日ソ不可侵条約を結んで北の守りを安全にしておいて南進政策を推し進めようとした。だが、ソ連を裏切るような行為をしていながら日ソ不可侵条約を結んでソ連を当てにするのは虫が良すぎる。8月6日のソ連侵攻、略奪、暴行、強姦、シベリア抑留などソ連軍の行為は憎みて余りある許しがたい行為だが、ソ連ばかりを一方的に責めることはできない。

駒蔵はソ連が日ソ不可侵条約を無視して侵攻してきたと批判する人々に共感しつつも、そればかりではない、日本も同じようなことをしたのではないか、同じ穴の貉《むじな》だったのではないか、という思いも禁じ得ないのである。

6　敗戦後——シベリア抑留

戦争は終わった。敗戦があと一日遅れれば慶次は助からなかったろう。生きるも偶然、死ぬも偶然、運命の糸に操られるわが身のはかなさが胸に迫り、なお一層、わが身がいとおしく思われた。静かな深い喜びを味わったのも束の間、慶次の運命の歯車はまたもや、あらぬ方向に向かいだした。だがそれがいかなる方向に向かっているのか、神ならぬ慶次に未来を予見する力はなかった。

慶次はソ連軍の武装解除を受けて丸腰の捕虜となった。

「牡丹江の飛行場からダモイ、東京（東京へ帰る）」とソ連兵は言った。捕虜となった慶次を含む日本人兵士たちは、皆、やっと帰国出来るのだと信じ、ぞろぞろと大人しく汽車に乗り込んだ。

夜、闇の中に海の様に光って見えた。

「日本海だ！」と歓呼の声が沸き上がった。

だが、その喜びもつかの間だった。列車は日本とは逆の西北に向かっているのだった。ぬめるように光るのは見たこともないバイカル湖だと分かった。

列車はとある小さな駅に着いた。こうして慶次の4年間に及ぶシベリアのタイセットでの労役の生活が始まった。

関東軍の組織のまま200人から300人がそれぞれラーゲリ（捕虜収容所）に分けて入った。作業はシベリア鉄道の支線を作る鉄道敷設作業であった。支線は総計300キロにも及ぶ長さで、時として湿地帯をトラックが走る道があり、大きな丸太を割って縦に敷き、その上をトラックが走るのだった。仕事のやらせ方は巧妙で、隣のラーゲリと競争してやらせた。ノルマを課し、どこまで仕事ができたか、パーセントを使って説明するのが常で、パーセントが高いと食事を増やした。

冬は川の水を運ぶ作業が苦労だった。その川の水を飲んだり、歯を磨いたりした。寒さは厳しく零下50度にもなった。零下30度以下の日は作業が休みで、衛門は開けられなかった。

配給になるのは一日一塊の黒パンや米粒の入ったポロポロのかゆで、食料はいつも不足しており、日本人捕虜は空腹に飢えさいなまれていた。空腹をなだめるため、松の木の皮の白い部分、バラの芽、蛇などを食った。トウモロコシやダイコン、エダマメなどは生で食った。ニシンや何という魚か知らないが、カジカに似た魚など生で食った。百合の根やスグリなどは特別の御馳走だった。牛の脳みそや骨なども焼いて食べた。悪臭が充満したが臭いなどと言っていられなかった。シベリアでも6月から秋にかけては草が生えるからそれをお汁の具にした。しかし塩がないから味をつけることもできなかった。

労働は鉄道を敷設する作業だった。長さ4メートルにもなる丸太を貨車やトラックに積んだ。マツやカラマツの木が大半で、積み方についても厳しくきちんとしないとやり直しさせられた。朝8時から夕方6時まで、捕虜として無償で働かされた。

ちなみにシベリア抑留者は全体で、60万人、そのうち6万人が亡くなったといわれる。

過酷な状況下に置かれても、人間の出会いはあるものである。シベリアに抑留された時、慶次は和歌山県出身の笹内という大隊長に強く惹かれた。立派な軍人で、「この人のためなら死んでもいい」とすら思った。笹内は多くの部下に慕われており、慶次も帰国後、その人の葬儀にも参加した。

仲間がどんどん死んでいったが、少しづつ待遇も良くなってきた。捕虜となって2年もすると少しゆとりが出てきて、運動会や芸能大会などが開かれるようになった。文字を読み書きできない人もいたが、仮名サークルが出来、文字を教える人も出てきた。ソ連が発行した「日本新聞」という新聞が読まれ、それを教材として白樺の木に書き写したりした。といっても鉛筆もないから、白樺の皮を燃やしてその燃えカスで文字を書いたりした。

やがて共産主義の理論が（半ば強制的に）教えられるようになった。共産主義者になると早く帰国できた。そう思われていた。学歴のある日本人捕虜がロシア人から理論を学んで「共産党を強くすることが、日本のためになるのだ」「労働者が団結して資本家に立ち向かおう」「帰国したら労働者が中心となる新しい日本を建設しよう」などと革命を促すようなことを教えた。捕虜たちの大方は「共産主義」と言う言葉の意味さえ知らない人たちだったが、小作農家の子供で、地主に苦しめられている元義勇軍の俘虜たちの大方は、共産主義に共感した。

それ以上に、共産主義の理論に赤く染まった方が優遇されるし、早く解放されることは目に見えていたから、表面的に共産主義者になったふりをする、という計算も働いていた。だが中には本当に共産主義者になった人もいた。後の話になるが、シベリア抑留者は帰国してから「シベリア帰りの人たちは共産主義に感化されていて使いにくい」と敬遠されて、就職するのも難しかった。

シベリアの抑留生活は慶次の人生で最もつらい体験だったが、兵隊・捕虜にならないで金砂北上開拓団に残った人たちの話を聞いて、自分たちの方がまだ良かった、と慶次は思った。残された義勇軍の青年たちは何を見、どんな経験をしたのであろうか？

7　帰国から現在に至るまで

昭和24年8月、慶次はシベリア抑留から解放されて、帰国が許され、ナホトカから舞鶴を経て岩手に帰った。だが、ここでも慶次の運命はすんなりとはいかなかった。シベリアでかかったマラリアの治療のため国立盛岡療養所に入院した。葛巻の実家に帰った時は、すでに11月23

日、ちょうど葛巻のお祭りの日だった。父は亡くなっていた。それは知っていた。

実は慶次は満州で父、危篤の知らせを受け、柳原中隊長に一時帰国を勧められて、帰国し、葛巻の実家に帰ったことがあった。16歳の少年が満州から葛巻まで帰った、というのは信じられないかもしれないが、満州は日本語で用がたせた。むしろ東京の標準語で苦しんだくらいである。帰国した時、現地報告会として村で満州の話をして、満州に再び戻った時は、報告団の人と共に行動していた。

戦争が終わり、帰国した慶次を母や家族は泣いて喜んで迎えてくれた。しかし、故郷で安堵したのもつかの間、明日からどうやって生きて行こう…仕事もなく、金もなく、食うのも乏しい。わずかばかりの田畑は長男のものである。日本は敗戦のどん底にあった。仕事もなければ金もない、食うものもない。そこに思いがけないことに、柳原中隊長から手紙があった。見ると、滝沢村の巣子に北上義勇隊の入植できる土地が与えられるから、満州での夢を国内で実現すべく、ま

北上義勇軍の同志—佐々木慶次さん（左）と工藤留義さん

た共に開拓の仕事をしないか、という誘いであった。うれしかった。

しかし慶次は、妻の兄が木工の仕事をしており、自分は木工をやりたい、その方が好きだし自分にあっている、と考えた。そこで3年間、木工所で見習い修行をして机や椅子、タンスなどの製作技術を身につけた。バブル経済の頃は、滝沢村に店を構え、30人以上もの人を雇うまでに会社は成長したが、やがて故郷の葛巻に戻り、有限会社「新興製作所」を設立した。5年ほど前まで長男と共に、学校や病院などの設備や家具の製作販売を手がけていたが、老いには勝てず、令和2年の現在、老健施設に暮らしている。（令和3年8月死去）

8　青春を振り返って

慶次は今でいうなら中高校生から大学生の若さで、満蒙開拓青少年義勇軍の拓士として生き、思いもかけない敗戦、ソ連との参戦、シベリア抑留などの数々の苦難を経験した。恋の喜び、悩みとも無縁な、自己犠牲的な軍事訓練、労働に明け暮れた己が青春を慶次は70年後の現在、どう思っているのだろうか。

慶次に聞いてみると「時代の流れですから仕方がない」「その当時は日本が正しい、義勇軍に入るのが天皇陛下のため、お国のためだと信じていたんです。シベリア抑留については、関東軍が絡んでいた、という話も聞いて腹を立てたこともありましたが、今はまあ、あきらめですねえ。それにしても満州開拓は侵略だった、義勇軍が間違っていた、と簡単に批判されるのが一番つらいですねえ」と言う。

長い間の葛藤を経てたどり着いた心境がこの「あきらめ」であり、誰も恨むことなく、時代の流れであったと受け入れるしかないのかもしれない。戦前から戦後へ、軍国主義の時代から平和主義の時代へ、180度の価値観の転換を誰が容易に受け入れることが出来ようか。

慶次はおのが運命は歴史の激流に乗せられて押し流される一枚の木の葉にも似ていると思う。この心境は誰にも分ってもらえない。その中で唯一、分かってくれるのは、やはり同じ義勇軍の仲間しかなかった。それは満州に渡った開拓民、義勇軍の拓士の誰にも共通する思いだった。かくして雫石のぬくもり荘に毎年仲間が集まって夜を徹して満州に生きた思い出を語り合い、今は亡き拓友を偲んだ。それが全28集にも上る「満州開拓追憶記」として結実、慰霊塔の建設などにもつながった。その頂点が冒頭に紹介した昭和49年に建立された「満蒙開拓殉難者慰霊塔」である。

慶次と同じ柳原中隊に所属していた高橋久男は「私共の人生もすでに60数歳を数えるのですが、なんと、私共満蒙開拓青少年義勇軍という人生の出発点の素晴らしさに今更驚きを感じます」と書いている。

訓練生は、3年間の大訓練所の生活の中で、いっぱしの農業論を語り、訓練所経営論、教育理念なども話題にするようになっていた。宮沢賢治の薫陶を受けた柳原中隊長の感化で、柳原中隊は大きな家族のような温かい人間的触れ合い、人間的な成長があった、ともいう。（『満州開拓追憶記』第16集）

駒蔵は冒頭で「奪われた」青春と書いた。この文章を読んでも、当時の軍国主義の風潮が彼らの青春を奪ったと思う。

だが奪われた青春にも、奪われることのないものがあった。正義と情熱があり、友情があった。青年らしい夢があり、理想があり、そして掛け替えのない同志、友がいた。

現在、満州移民というと単純に分かったように「侵略だ」という人がいる。しかし慶次は自分たちのやったことが侵略だなどとはつゆ思っていない。国内の食料不足を救い、また五族協和の平和国家、満州国建国のために取り組んだのだと思っている。北上開拓団では匪賊の襲撃もなく、中国人とも助け合って仲良くやっていた。それを無視して「侵略だ」などと言われると事実と反すると思う。それにしても満州に賭けた慶次たちの青春は何だったろうか。

七　柳原昌悦と宮澤賢治

初めに

宮澤賢治の花巻農学校教師時代の教え子の一人に、柳原昌悦という人物がいる。私は満州開拓に関心を持ち、いろいろ調べているうちに、この柳原が「北上義勇隊」と名付けられた（正確に言えば、柳原自身が名付けた）岩手県出身の満蒙開拓青少年義勇軍の隊員330名の中隊長であり、「模範的義勇隊開拓団として名声をあげ、岩手の誇り」（岩手県の拓務官を務めた小田耕一の言葉）となりながらも、敗戦によって塗炭の苦しみを舐めたこと、帰国後、滝沢村狼《おいの》久保に元中隊員を集めて開拓のリーダーとして献身、部下たちに慕われたことを知った。

本稿は柳原宛、賢治最後の書簡を解読すると同時に、その柳原の戦前、戦後の思想、生き方を紹介しようとするものである。

1　柳原昌悦の生涯

柳原昌悦は明治42（１９０９）年8月10日、稗貫郡八幡村（現、花巻市）に農家の長男として生まれ（下に妹一人）、大正14（１９２５）年花巻農学校に入学、昭和3年同校を卒業、昭和4（１９２９）年に岩手師範学校に入学した（師範の2部で2年制）。卒業後、亀ヶ森小学校（初任校）、煙山小学校、手代森小学校を経て、母校、八幡小学校の訓導（旧制小学校の正規の教員、現在の教諭）をしている時、満蒙開拓義勇軍の中隊長として義勇軍の青少年と共に満州に渡った。昭和16（１９４１）年6月2日のことである。この時、柳原は32歳、小学校の教師としての生活は11年間であった。当時、柳原は結婚しており、二人の女の子がいた。妻は柳原と同じ小学校教師であったが、その妻も伴い家族４人での渡満だった。満州に渡ると、東満省勃利《ぼつり》県の大訓練所で3年間の訓練指導の後、昭和19年、同じ勃利県の金沙《きんさ》地区に入植、「北上開拓団」として独立した。そこで本格的な開拓を始めようとした矢先、召集が続き、果てはソ連軍の侵攻を受けて開拓団は崩壊した。敗戦後、混乱のさなか、妻と長女を失って（恐らく二人とも病死であろう）、昭和21年に次女を連れて帰国、初め県庁の開拓課に務めたが、間もなく滝沢村巣子に隣接する狼久保《おいのくぼ》に入植、元義勇軍の隊員と共に再び「北上開拓団」を設立した。敗戦後の貧困に苦しむ中で、生活のために会社勤務、トラクターの販売・修理の会社に勤務、側面から開拓団を援助をした。また北上開拓団にかかわる組合長を務めるなど戦後の食糧難、貧困を乗り越える支援をした。昭和45年、向中野学園の事務長となり定年退職、平成元（1989）年2月12日に80歳で亡くなっている。

柳原はなぜ小学校の教師を辞してまで義勇軍の中隊長として満州に渡ったのだろうか？　注目されるのは柳原は宮澤賢治の教え子であったということで、生涯賢治を深く尊敬していたというが、そのことと渡満は関係しているのだろうか？

引き揚げてきた柳原はどのような思いで戦後を生きたのだろうか？

それらを考える前に、柳原と賢治の出会い、賢治の農民活動、その最後の書簡について触れておきたい。

2　柳原宛賢治最後の書簡

宮澤賢治と柳原の年齢差は13歳、その出会いは賢治が花巻農学校の教師であったことから始まる。柳原は大正14年に花巻農学校に入学、1年間、賢治の教えを受けた。稗貫郡湯本村出身の沢里武治も同級で、2人は共に岩手師範学校で学び（沢里は昭和3年に入学、柳原は昭和4年に入学している）よく賢治にかわいがられた。

大正15年3月、賢治は花巻農学校を依願退職、4月1日、岩手日報紙に「新しい農村の建設に努力する花巻農学校を辞した宮澤先生」という見出しで紹介されるように「農村経済の勉強と耕作をし生活即芸術の生きがい」を求めて、自宅を飛び出し、下根子桜の宮澤家の別宅で暮らし始める。そこに教え子や近郊の農村青年を集めて羅須《らす》地人協会を設立、農業の指導ばかりでなくレコードコンサート、楽器の練習会など広く文化運動に取り組むようになる。柳原と沢里もしばしば賢治から呼び出しを受けて、その活動を支援した。二人は菊池信一、伊藤忠一、浅沼政規、伊藤与蔵、斎藤貞一らと共に賢治の教え子の代表格で、賢治は彼らに心のこもった書簡を出している（以上の7人は賢治からの書簡を受け取っている）。

昭和3年9月23日の沢里宛書簡で賢治は「熱と汗に苦しみ」「無理が重なってこんなことになった」と自分の病状を告げ、結びに「柳原君へも別に書きます」と記している。柳原も師範学校で学んでいることから賢治の意識では2人を並べて考えていたことが推察される。「文語詩篇ノート」の大正14年4月のメモとして「四月　柳原、高橋（沢里の旧姓）組入学」とあるが、花巻農学校に入学した二人を「組」として捉えている。最晩年の回想の中で、この二人の教え子が思い出されていることは注目して良い。

柳原は昭和8年、9月11日、大迫の亀ヶ森小学校に務めている時、賢治から（返信）の手紙を受け取った（柳原が賢治から受け取った手紙で残っているのはただこの1通であるが実際には幾通かの手紙を受け取ったと推察される）。賢治はこの年の9月21日に亡くなっており、柳原宛のこの書簡は、死の10日前の、自分の生涯を反省する極めて重要な書簡であり、子細に解読すべき内容を含んでいる。以下、この最後の書簡を通して賢治最晩年の思いを考えてみたい。

その手紙によると賢治はこの頃、ラッセル音が治らず咳が始まると2時間も続き、夜は胸が「びうびう鳴って」眠られず、もはや「全い健康は得られさうにありません」、再起出来そうもない病状である、と訴えた後で自分の半生を回顧して次のように書いている。

私のかういふ惨めな失敗はただもう今日の時代一般の巨きな病、「慢」といふものの一支流に過って身を加へたことに原因します。僅かばかりの才能とか、器量とか、身分とか財産とかいふものが何かじぶんのからだについたものでもあるかと思ひ、じぶんの仕事を卑しみ、同輩を嘲り、いまにどこからかじぶんを所謂社会の高みへ引きあげに来るものがあるやうに思ひ、空想をのみ生活して却って完全な現在の生活をば味ふこともせず、幾年かが空しく過ぎて漸くじぶんの築いていた蜃気楼の消えるのを見ては、ただもう人を怒り世間を憤り従って師友を失ひ憂悶病を得るといったやうな順序です。あなたは賢いしかういふ過りはなさらないでせうが、しかし何といっても時代が時代ですから充分にご戒心下さい。

この手紙には下書きも残っており、そこには次のような一節がある。

どうかあなたはいまのお仕事を落ち着いて大切にお守りください。その仕事をしている間は誰でもそれがつまらなく低いものに見えて粗末にし過ぎるようです。私などはそれによって致命的に身を誤った標本でせう。「慢」といふ心病（傍点、筆者）身に発して只今の生きるに生き悩み死ぬに死なれないこの病になったのです。

これらの記述から考えて、柳原は恐らく小学校の教師に飽き足りないものを感じ、この時の賢治宛書簡中に退職をほのめかすようなことを書いていた、あるいは転職の相談をしたものと推察される。それに対して自分の経験から、誰でも自分のやっている仕事が「つまらなく低いものに見え」がちなものである。しかし、そう考えるのは間違いだ、と論そうとして、却って自分自身の深い後悔の記述に筆が進んでしまった、と思われる。

賢治には農学校教師を辞して農民活動に専念したこと、それ故に立ち上がることのできない病気になってしまったという深い後悔の念があった。昭和5年4月4日の沢里宛の書簡でも「私も農学校の四年間が一番やり甲斐のある時でした。但し終りのころ、わづかばかりの自分の才能に慢じてじつに倨傲な態度になってしまったこと悔いてももう及びません。しかもその頃はなほ私には生活の頂点でもあったのです」と深い悔いを漏らしている。

賢治が農学校の教師たることを飽き足りなく思い、貧困に苦しむ農村社会に飛び込んで、独居自炊の貧しい、禁欲的な、修行僧にも近い生活をしたことは、たちまちその体を痛めた（賢治は22歳の時、岩手病院で医師の診察を受けて肋膜―結核の診断を受けている。無理をすればいつ再発するとも知れぬ体であった）。農民を救済しようなどと夢見たのは、考えてみれば「慢」―うぬぼれ、自己過信、自分は正しく、また何でもできるという万能感に発するものであり、それゆえ「世間を憤り」「師友を失ひ」「憂悶病」になった。それが体の病を引き起こしたという苦い反省が賢治にはあった。

賢治が農民運動を展開できたのは大正15年（満30歳）の4月から昭和3年の8月まで僅か2年4カ月のことだった。肺浸潤（結核）に倒れた賢治は以後、亡くなるまでのほぼ5年間を病床に過ごさねばならなかったのである。農民活動は冷静に考えるならば賢治の死を早める自虐的、自殺的な行動であった。

豊かな才能を持ち、教師として子供たちにも慕われ、自由に、奔放に生きた賢治は一種の万能感があった。その万能感から自己を過信して農民運動に飛び込んだ。それはおのが健康を無視した、無謀な、困難な生活であった。病はその報いである。自分の人生は「慢」という「心病」ゆえの、失敗の人生だった。こうした挫折感を賢治は抱いていた。そして最後の救いを法華経に求めて亡くなった。「雨ニモマケズ」手帳や病床詩編「疾中」（30編）などの文語詩はその証である。
興味深いのは、自らの「慢」を「時代の病」と重ねて考えていることである。あなた（柳原）は賢いから自分のような失敗はしないだろうが、それでも「時代が時代だから」気を付けるようにと、失敗した己の轍《てつ》を踏まないようにと助言している。ここには時代の空気を敏感に感じ取っている賢治の鋭い社会感覚とやさしい謙虚な心が感じられる。賢治は急速に軍国化し、傲慢になってゆく日本の社会、政治に漠然と不安を抱いていたのではなかろうか。
賢治の亡くなる直前の3年間の日本の歴史をみると次のようなことがある。
昭和6年…三月事件、十月事件、柳条湖鉄道爆破事件、関東軍満州各都市の武力による制覇（満州事変）
昭和7年…上海事変、血盟団事件、満州国建国宣言、五・一五事件、
昭和8年…ドイツでヒトラー内閣成立、国際連盟脱退宣言、満州事変の継続として熱河攻略、滝川事件、小林多喜二の拷問死、この年、治安維持法による検挙者4288人、ワシントン条約破棄
これで分かるように、賢治最後の3年間をみると、日本の歴史はテロと満州侵略、軍部の政

治支配、そして国際社会からの孤立に向かった時代だった。それは独善と傲慢の時代、一語でいえば「慢の時代」だった。

この書簡は、賢治が自らの「心病」を、そうした日本の時代の空気に重ね合わせて、その「慢」が病気や死をもたらすことを予感したものとも解釈できるのではなかろうか。見ようによっては、賢治は預言者のように見えないわけでもない。

歴史的に見て、満州事変に始まった日本の中国侵略は、日本人の、特に関東軍の「慢」という罪が引き起こしたものであった。国際社会の批判やリットン調査団を受けた勧告を無視して偏狭な独善に走った結果、ついにはアメリカとの戦争にまで突き進んでいった。

（注記）柳原のご子息（柳原の帰国後、再婚した相手との間に生まれた子）である柳原健了《たけのり》さんによれば、賢治の最後のこの書簡は柳原が満州に渡る前に宮澤家に届けたという。現在、柳原家から「寄託」された形で賢治記念館に現物がある。柳原が宮澤家に届けたのは、この一通だけであったか、また、宮澤家では賢治が受け取った柳原の書簡を保存していなかったか、その辺は定かでない。

柳原の次女のもとには一時、賢治の妹トシの愛用したバイオリンがあったという。それは柳原が賢治からもらったもので、現在、賢治記念館にある。これらの証言は、柳原が賢治に愛されていたことの傍証にもなろう。

3　教師から義勇軍へ――その背景・動機

昭和初年代は世界不況の煽りを受けて日本は未曾有の不況、貧困に苦しんだ。特に農村においては「農村不況」という言葉もあるように、欠食児童が続出、娘の身売りが社会問題となるなど日本が大きな困難に直面した時代だった。賢治の家は裕福な資産家であり、貧しい農民相手に古着を売る商店を営み県内でも指折りの納税家であった。鋭い良心（優しい心）を持つ賢治は農民の子供に教えていく体験を通して社会の矛盾、農民の貧困を実感、安閑と教職についていることが出来なくなった。賢治は農学校を卒業した生徒が農民とならずサラリーマンになることを惜しみ、教え子に「農民たれ」と語っていた。しかし、そう語りながらも自らは教職についている。それは矛盾している。自ら農村に飛び込んで範を示さなければ、という思いが農民活動に取り組む動機となった。賢治が農学校教師を辞めた理由として一般的には以上のように考えられている。

翻って考えてみるに、教え子である柳原にもそうした思いがあったのではなかろうか。農家の子として生まれた柳原は農業に関心をもっていたであろうし、農民の貧しい暮らしをよく知っていた（体験していた）。教職に就いたのもその貧しさから逃れようとしてのことであったかも知れない。

柳原の初任校は亀ヶ森小学校である。浄円寺（曹洞宗）に下宿、教え子の家を幾度も家庭訪問した。柳原は小学校の先生だったが、学校に閉じこもらず、村の青年団の集会に積極的に参加し、地域にも大きな影響力があった。学校が休みの時には、奉仕会を作って、子供と共に寺や神社の清掃に取り組んだり、八幡神社の急坂を走らせたりして子供たちを鍛えた。スポーツ万能で、弁舌も巧みで、頭がよく、村でも目立つ存在だった。保守的な村にあって当時としては斬新な、革新的な実践をしようとした。そのために学校に閉じこもりがちな一般教師からすれば嫉妬、反発をかうこともあったらしい。その中で同僚の穂積先生という女性教師が良き理解者だったという。総じていえば柳原は村のリーダーとして人々に尊敬され指導者として尊敬されていた（そのころ柳原と親しく交わった高橋剛の長男、高橋光さんから聞いたことに基づく記述）。

これらの証言は柳原が地域の諸活動に熱心な活動家であったことを物語っている。教室から飛び出して地域社会の諸活動に取り組む、そうした柳原の生き方には賢治の影響も考えられるのではなかろうか。教職に就くにあたって賢治に相談をしたともいわれる柳原にとって、賢治は教師としてどう生きるか、その手本になったと思われる。

賢治が亡くなったのは昭和8年9月21日のことである。それからの日本は昭和11年の二・二六事件のテロなどを経て、軍国主義化が一層、進み、大陸侵略への道を深めていった。そのために中国国民の反発を招き、それを抑えるために軍事費はますます増大、経済は困窮した。兵士も不足しがちになった。昭和12年7月7日、盧溝橋事件に端を発する日中戦争をきっかけに国民精神運動が始まる。国民生活のあらゆる面で軍国主義的な統制が加えられ、消費の節約、貯蓄の奨励、勤労奉仕、生活改善が説かれ、「贅沢は敵だ」のスローガンのもとに贅沢品の製造、販売の禁止、国民服や戦闘帽の奨励など耐乏生活が強制されてゆく。そうしたなかで満州移民が政府によって、日本の貧困、国難を救うものとして盛んに宣伝された。それを信じて「五族協和」「王道楽土」の理想国家建設を目指して多くの人が満州に渡った。そうした経済の不振、軍国主義の戦時下体制という時代の空気が柳原を動かした。柳原が昭和16年、義勇軍の中隊長として満州に渡った背景には、そうした歴史的、社会的な事情もあった。

ここで義勇軍に参加した柳原の思想形成に影響を及ぼしたであろう幾人かの人（書物）を紹介しておきたい。青春時代の原体験として教師、賢治との出会いがあるが、それ以後の思想形成といっても良い。

第一に、加藤完治。加藤完治は義勇軍の設立者であり、農本主義の提唱者である。農本主義とは立国の基礎は農業にあり、貧困や人口過剰に悩む農村を救うことこそ国家を救うのだという主張で、精神的支柱として国家神道を信奉した。日本は皇国であり、国民は天皇の「赤子」であり、親に仕えるように天皇のために命をささげるのが国民の務めだ、天皇は神であるという、いわゆる皇国史観にたつ信仰である。昭和9年に加藤の出版した『日本農民教育』はそうした思想を表明したものであり、満蒙開拓の必要性、意義を説いてもいる。柳原はこれを共感をもって読んでいたと思われる。

加藤は筧《かけい》克彦の古神道の理論から、その信仰を学び、義勇軍の教育の根幹とした。筧は東京大学の法学の教授であったが、神道の理論家でもあり風俗や習慣の中に流れる日本人の宗教的

加藤完治

な感覚、信仰心を解き明かし、天皇への篤い崇敬を説いている。『風俗習慣と随神《かんながら》の実修』（大正7年刊）は義勇軍の精神（信仰）を支えるものとして、これまた柳原の読んで影響を受けた書物であったと思われる。

柳原は小学校教師として子供たちに皇国主義思想を教えたが、農村知識人としてさらにその思想を深める学習（読書）をした。加藤の唱える義勇軍、満蒙開拓論に共感を覚えるのも自然な道であったかと思われる。義勇軍の教育こそ、国家神道の最も徹底した教育であったからである。

第二に松田甚次郎。松田は盛岡高等農林在学中に賢治と出会い、「小作人たれ」「農民劇をやれ」という助言に従って農村文化・農民芸術の確立に尽力を尽くした人物である。その著書『土に叫ぶ』は昭和13年に羽田書店から出版されるや大きな反響を呼んだ。（ちなみに松田はその翌年、同じ書店から『宮沢賢治名作選』を出版したが、これは賢治の作品と人間像を世に広めるうえで大きな役割を果たしたといわれる）。柳原は恩師、賢治を尊敬すると同時に、その賢治精神の実践者、松田甚次郎にも深い共感を覚えていたであろう。松田は『土に叫ぶ』において次のように述べている。

農村を救ひ農村を匡救《きょうきゅう》するために人口問題（人口の過剰）、土地問題（農地の不足）の鍵である大和民族の満州大移動に対して今こそ国民全体が一心同体となって協同し、援助すべき秋《とき》である。

ここに明白に主張されているように松田は加藤完治から直接教えを受けた満蒙開拓論者であった。柳原が松田を通して義勇軍に熱く共感するようになるのは、これまた自然な道であったろう。

第三に義勇軍拓士、菅野正男。菅野は昭和15年に出版された『土と戦ふ』の著者である。これは岩手県江刺郡口内（現、北上市）出身の義勇軍の拓士、菅野正男によって書かれた小説で、義勇軍の生活と心情が写実的にきめ細かに描かれている。義勇軍を知る第一級の資料ともいえる小説で、義勇軍の宣伝、紹介に大きな役割を果たした。ま

た菅野はこれによって農民文学賞を受賞、ベストセラーとなった。

満州開拓、義勇軍に共感を抱いていた柳原が、『土と戦ふ』を読んでいたのは間違いないだろう。そればかりでなく、自ら渡満しようと決意した動機もここにあるのではないだろうか。

元柳原中隊の隊員であり現在も入植地であった滝沢市狼久保にお住まいの工藤留義さんの語るところによると、柳原は義勇軍の青少年と共に渡る前に、視察として満州に渡り、帰国後「ひどい所だ」とその感想を語ったという。満州における義勇軍の生活を見て、その困難が分かっていながら、義勇軍に参加したのである。

小学校の教師は、子供たちを義勇軍選出にあたって大きな役割を果たしている。小学校は義勇軍募集の窓口であり、多くの子供たちが教師の勧めによって義勇軍に参加した（学校ごとに義勇軍選出の人数が定められてもいたという）。そればかりでなく義勇軍の中隊長や幹部、指導員（義勇軍は一個中隊300人に対して中隊長以下5人の幹部、指導員が配置された）には小学校の訓導出身者が多かった。

柳原の場合も、県の拓務官として積極的に移民を奨励し推し進めた小田耕一の強い勧めがあったのは間違いないだろう。「お国のためだ。国難を救うために子供たちと共に満州に行ってくれないか」という働きかけがあったのは、同じ義勇軍の中隊長、小林義雄の例もあり、そこから推察できることである。単純に「五族協和の王道楽土」建設の理想に惹かれて、と考えるのは浅すぎるようだ。

4　義勇軍の理想

『満州開拓史』によれば、義勇軍の幹部、指導員は不足がちで、「その幹部たるの素質は玉石混淆でこれがのち義勇軍運動の前途に翳を落としたり、青少年たちを絶望させたり、蹉跌《さてつ》のもとをつくったりしたことはぬぐえぬ事実」だと記している。義勇軍に参加した理由として、職場での人間関係を挙げたり、俸給が少ないことに対する不満を挙げたりする元教師が多く、青少年の指導力において問題があったともいう。

そもそも300人もの成長期、反抗期の青少年である。異国の厳しい環境の中で、指導する側も困難を極めた。「柳原先生も訓練生の暴動、屯墾病などで苦しみ、着の身、着のままで眠ることもあった」「柳原先生は幹部の先生との人間関係で苦労したようだ」などという証言もある。

「どうして義勇軍に参加したのか」と問われて、小学校の教師であった妻が勧めた」という証言もある。妻は朝鮮の学校の先生をしていて、休日に長女を連れて柳原の官舎に来たというが、勇気ある、積極的な女性であったかもしれない。困難の予想される義勇軍への参加を妻に後押しされて決意したということも考えられる。

柳原に関わりのある人々の証言から考えるに、柳原中隊が「模範的開拓団として名声をあげ」たということは、柳原の誠実な人間性、魅力、指導力などの賜物であり、満州に渡ったのも燃えるような理想、使命感があった故かと思われる。それは子供たちと苦楽を共にして満州に理想の農村を作ろうとすることであった。柳原は賢治流の理想主義者であり、小説『土と戦ふ』こそ柳原を満州へ、義勇軍への参加を決定づけたのではなかろうか。『土と戦ふ』が昭和57年、復刻版として刊行された時、その刊行委員として名を連ねた時、柳原はどういう思いであったか…

『土と戦ふ』を今、読んでこれが義勇軍の宣伝になるだろうか、と疑問を持たれるかもしれない。これは義勇軍の「残酷物語」とも読めるからである。衣食住すべてに渡る劣悪な環境、不合理な命令、軍隊式の教育、訓練、過酷な労働…それは「平成」の今、読んでみて到底、惹きつけられるようなものではないだろう。しかし、昭和15年、貧困にあえぐ、貧しい時代、「雨ニモマケズ」を目標に励もうとする理想主義者、柳原にとっては満州開拓、義勇軍は国難を救う理想の大事業と思われた。

菅野正男も昭和15年、少年文学者、福田清人に宛てた手紙の中で次のように書いている。

私達は独立の村を建設したならばまづ内地農村で衰退してしまった郷土芸術の再興に努力するでしょう。宮澤賢治の考えて居たことを私達は満州の大平野の中で実現しようとして居るのです。農村人の娯しみは農村人でつくり上げたものが一番よいと思います。（『菅野正男小伝』伊藤誠一）

菅野正男が夢見たような農民芸術を満州で実践すること、それは詩や歌が好きでしばしば、賢治の歌を紹介したという柳原にも共有する思いだったと思われる。だが、現実にはますます厳しくなる軍事的訓練、戦争の不安のなかでそれは余りにも甘い夢となってしまった。渡満の当初、夢見た農民芸術など考える余地のない生活が始まった。

5　柳原中隊

満州に渡った柳原はどのように生きたであろうか。「満州開拓民義勇軍の選出の経過と記録」（岩手県の拓務官、小田耕一）に柳原中隊のことが次のように紹介されている。

昭和16年に至り従来、全国的編成に参加していた本県の青少年義勇軍も岩手郷土中隊を編成することとなり、国民学校に於て、興亜教育実践の成果として送出すべきであるという教育的熱意が拓殖訓練等の積極的な指導となり、本県としては画期的な郷土中隊三百三十名の参加を得て、当時稗貫郡八幡小学校の訓導であった柳原昌悦氏を中隊長として送ったのである。この中隊は後に東満省勃利県に開拓団を建設し、全満に、模範義勇開拓団として名声をあげ岩手の誇りであった。

「五族協和」「王道楽土」という高い理想を掲げて満州に渡ったものの、義勇軍の実態は（時として）きわめて過酷な、困難に満ちたものだった。まだ人間として一人前になっているとはいいがたい青少年を指導するにあたって幹部の先生や中隊長の人格、指導力が決定的にものをいった。規律の乱れた義勇軍では、義勇軍同士の衝突もあり、幹部の先生への反抗もあった。そういうことを考えてみると柳原がどれほど優れた教師であったか、それは柳原中隊の教え子たちが皆、異口同音に語るところである。拓務官の小田が「模範義勇開拓団として名声をあげ岩手の誇りであった」と記しているのもなるほどと思われる。ちなみに小田は満州に渡って柳原中隊をその目で見ている。恐らく小田は柳原の人格、指導力に感銘を受け、これこそ理想とする義勇軍だと感じたのでろう。だが現実には柳原中隊として土地を与えられ、入植、開拓に取り組んだのは昭和19年の1年にも満たなかった。

昭和20年8月9日のソ連軍の侵攻後、柳原がどう生きのびたか、知りえた範囲で紹介しておく。

昭和16年、330人で茨城県の内原訓練所を出発して憧れの満州に渡った柳原中隊は、勃利大訓練所で3年間、訓練に励んだ後、義勇隊の土地とされた金沙地区に入植した時は、召集、病死などによって47名に激減していた。ソ連軍侵攻の知らせがあり、「牡丹江に入隊せよ」との指示あり、その牡丹江目指してソ連軍に見つからないように山に入った。ソ連軍に発見されるとシベリアに送られるというので、その恐怖に怯えつつ2カ月間歩き続けて11月1日、ようやく水曲柳まで逃げて、そこで満警の保護のもとハルピン（哈爾濱）に送られ、2週間ほど留まり、それからハルピン近郊の阿城に連れていかれた。1年半ほどそこの関東軍の兵舎に留まり、21年9月、葫蘆島経由で帰国した。

柳原は途中で、新京の日本人会との関係があり帰国が遅れて昭和22年になった。

柳原は自らの苦労を語らなかった。ただ確かなことは、昭和20年8月13日、牡丹江を経てハルピンに到着、そこで越冬した。その間、10月に全く偶然のことながら亀ヶ森小学校に務めていた時、交流を深めた高橋剛が柳原に会っている。柳原は隊員の部下と共にソ連軍に使役されていた。家族は離れ離れになったが、次女は混乱の中でやっと探し当てた。しかし満州に渡る時に一緒に連れて行った妻と長女は亡くなっていた。

改めて出発点に立って考えてみるに、賢治が実践し、病のために挫折した農民運動、羅須地人協会の活動、それは柳原の胸の中で、義勇軍による満州開拓、それによって日本の危機を救うという理想に重なっていたのではなかろうか。柳原は満州開拓を通して食糧を増産し、飢えや貧困から解放された「王道楽土」の建設を夢見た。それは柳原一人の夢でなく、国策として喧伝《けんでん》されたものだった。政府・軍部のすることだからという安心感や信頼感もあった。満州事変をはじめとする数々の重大な情報が隠蔽され、国家主義に基づく検閲制度があった時代である。政府や軍部への信頼感は絶対的なものであった。

だが、満州に渡った人がそこで見たのは、王道楽土どころか、ソ連軍や満人の暴虐、義勇軍や開拓民の難民化などこの世の地獄だった。柳原の抱いた大いなる夢も無残にも敗れて帰国した。

帰国できただけでも幸せであった。帰国できずに満州で亡くなった教え子を偲び、悲しみを新たにした。帰国後の貧困、食糧不足などに苦しみながらも、その教え子たちを追悼することが大きな課題となった。敗戦から30年余り、日本もようやく戦後の苦難を乗り越え生活のゆとりも出てきた。満州開拓殉難者慰霊の33回忌を迎えるにあたって柳原は『満州開拓追憶記　第4集』に亡くなった満州移民の人々、義勇軍の青少年を偲び「鎮魂の叫び」と題して次のような文章を寄せている。

三三回忌を迎えんとする吾ら、
歳月を重ぬれど未だ故郷に遺骨の来迎かなわず、
亡き肉親の墓前には一掬の野の花すら献じえぬ吾ら、　そして精霊たち。
西方万里。
満蒙の大草原に眠る開拓団同志
壱千二百有余（岩手県出身の殉難者の人数）の霊に吾うやうやしく捧げん
……
国の浮沈大事に召されては
東亜の糧の増産に鍬と汗とをひとすじに
捧げつくせし拓士らよ
……
君の御心消え失せ給うことなかれ
我らの愛する祖国日本と東亜の礎石と
なり果てし君と君

とこしえに鎮まりませ
……
聞け晩鐘の切々たる響きを
歌え、吾らの植民の歌を

6　柳原の戦後

柳原は帰国後、どのような思いを抱き、どう生きたであろうか。

引き揚げてきた柳原は、幸いなことに県庁の開拓課に勤務することになった。引き揚げ者、復員兵あわせて630万人にものぼる人々の食料の確保が緊急に解決を迫られていた。そのなかで国内の開拓が大きくクローズアップされて、特に岩手山麓への入植、開拓が復興の鍵を握ることになった。柳原の戦後はその戦後開拓に捧げられた。

柳原は部下たち―もと北上義勇軍の若者の身を案じた。彼らの生活が何より心配だった。失業や食糧不足の日本で、やはり開拓で生きるしかない、いや開拓こそ自分たちが目指したものだった、戦争には敗れたが、自分たちはあの満州の苦しい体験で身に付けた「拓魂」がある、それで生き抜くのだ、という思いが自然に湧きあがってきた。幸い国有林（地）を解放して開拓民に提供するという話も出てきた。柳原は岩手山麓の入植者と交流を深めながら、滝沢村狼《おいの》久保に北上開拓団を設立した（現在も「北上団地」「北上公民館」の名前が残っている）。昭和22年のことで、元柳原中隊の80余名が国分知事宛の入植許可申請書を書いた。「北上農場」「北上開拓農事実行組合」「北上農業協同組合」などの組合を結成、組合長はすべて柳原であった。団員はすべて元柳原中隊の「北上開拓団」の隊員だった。元隊員を集めて満州で敗れた開拓の夢を再び実現しようとしたのである。「外（満州）で失ったものを内（国内）で取り返すのだ。デンマークに倣え」という言葉を合言葉にして入植開拓に励んだ。デンマークはドイツとの戦争に敗れたが見事に酪農国として復興した、その故事に倣うのだ、という思いだった。

柳原は満州にいた頃と変わらずリーダーとして団員を鼓舞し、指導した。昭和23年共同経営による営農が始まり、同25年には個人営農に入る、といった経過を経て開拓団として定着していく。

生活は苦しかった。そのために柳原は北上開拓団の面倒を見つつも、収入を求めて昭和モータース（有限会社）に務めた。昭和モータースはアメリカのフォード社のトラクターなど大型農業機械を輸入して開拓団に販売した。整備士も雇って修理もした。

柳原はそれによって開拓団を側面から援助しようとしたのである。北上開拓団のある巣子から仙北町の昭和モータースまで、盛岡市を縦断するおよそ10キロの道を冬も自転車で通勤した。その体力、根性は並みでない、柳原を知る人はそう言う。

柳原は戦後のどん底生活のなかにあっても、義勇軍の青少年の世話をすることを第一に考え、それが自分の使命だと思っていた。帰国した元教え子を誘って、また一緒に開拓の事業に取り組まないかと誘った。こうして、どん底からの生活の再建に取り組むと同時に、同じような体験を持つ満州開拓民、元義勇軍の隊員との親睦・絆を深めていった。その証が「満州追憶記」であり、十三重の慰霊塔であり、さらには各地に建立された開拓の碑である。

昭和53年の『満州開拓追憶記　第5集』の冒頭「満州開拓追憶記発刊に寄せて」において、柳原は次のように記している。


今年で戦後満三三年、武装移民として第一次弥栄《いやさか》開拓団が渡満入植してからもう四七年の半世紀がたった。今、日本国民、否全世界注視のうち日中平和友好条約締結の実務交渉が北京で進められているが、終戦記念日の八月一五日までにその決着がつくかどうか、思えば、戦後がまだ終わっていないことにいらだたしささえ覚える。

彼の、満州拓北の地は、いまだ凍土のごとく堅く封ざされ、そこに拓友の同志、八万余名の岩手県内関係者約壱千三百有余名が眠っている。没後、その墓には、いまだかつて一掬《いっきく》の花も供えられず、ましてや、墓参の日などは遥かに遠いかに思われる。われら同志、岩手山麓にこもり、聖地を営み、毎年八月二一日を期して「慰霊」の集いを続けているが、さらにその際、かつての拓友同志との友情を温めあいながら、悲運の拓友の犠牲に報ゆる真の源泉を探し求め、確かめ合う大切な日ともしている。その拠り所として今年もまた「追憶記」第五集を編集して関係者に配布することにした。

御寄附下さった方々、及び編集を担当された方に心からの敬意と感謝を申し上げたい。

この文章について少し補足しておく。戦後の日中関係は、中国が毛沢東の中華人民共和国と台湾に追われた蒋介石の中華民国に分裂したことなどもあって国交が結ばれるのに困難な状況がしばらく続いた。しかし、昭和47年田中角栄首相の「日中国交回復、正常化への機は熟している」との談話があり、田中首相は訪中して毛沢東主席、周恩来首相と会見、日中共同声明が発表された。その中で日本は戦争責任を認め、反省する、ということが明記された。満州に生きた人たちは心から喜び、遺骨の収集や開拓団訪問などの機運も起こるようになった。残留孤児の親探しもこれによって大きく盛り上がっていった。昭和53年、福田赳夫首相は日中平和友好条約を調印して日中の関係はいよいよ深まっていく。柳原は多くの開拓民、義勇軍の隊員同様、戦後の日中国交回復、日中の平和を心から願うものの一人だった。

敗戦後、柳原は再び北上開拓団を設立したが、ある年のこと、一人の団員の青年がトラクターの事故で亡くなった。トラクターは柳原の務める昭和モータースで売ったものだった。柳原は責任を感じ、満州で育てた青年を亡くしたと、泣いて悲しんだ。その後も悩み続けた。

日本の社会も少しづつ変わっていく中で、これまでのように開拓生活を続けることも難しくなっていった。しかし戦後70年を経て今なお、もと柳原中隊の団員が90歳になんなんとする方がおられる（佐々木慶次さん、工藤留義さんのように。平成28年6月現在）ことは奇跡にも近いのではなかろうか。私はこの人たちの中に賢治から柳原へ、そして元義勇軍へと流れる開拓者の魂―拓魂があると感じられるのである。

帰国した満州開拓民は「拓友会」という組織を作って交流した。その中で死者たちを追悼し、満州の思い出を語り合った。拓友会の会長を務めたのが堀忠雄で東京帝国大学の農学部卒業後、満州に渡り新潟出身者の五福堂新潟村開拓団の団長を務め、戦後、弟が岩手県庁に務めたことからその誘いを受けて故郷の酒田から岩手に移住、引き揚げてきた開拓農民のために大きな役割を果たした人である。堀は向中野学園の非常勤講師として5年ほど、教壇に立ったが、その縁で、柳原は同校で務める場を得た。柳原は小学校の免許しかないので、事務長として務めた。10年近く事務長をしたのち、付属の幼稚園長となり70歳で退職した。

高橋光さんは柳原が向中野学園の事務長として務めていた時、その部下として仕えた。柳原は運転免許を持たないのでしばしば車に乗せていろいろなところを案内した。柳原は寺回りが好きで車中、様々な話をしてくれた。一番話してくれたのは、初任校の亀ヶ森小学校のことだった。満州での体験については、ほとんど語ることはなかった。

高橋さんのお話によると、柳原は実直で、よく人の話を聞いてくれた。お世辞、おべんちゃらを言わず「じょうずまげる（お世辞を言う）」ことのない人だった。「弁舌が素晴らしく」義勇隊の集まりの時、しばしば満州の思い出を語ったが普段、自分の苦労話などすることはなかった。高橋さんは柳原を「素晴らしい人格者で、部下として仕えたことは本当に幸せだった」と感謝している。父剛も柳原が亀ヶ森小学校に務めているときからの知り合いで、満州で再会、心から柳原さんを尊敬し、息子の光さんによく柳原の若い頃の思い出を語ってくれた。父、子二代に渡る柳原との交流であった。

柳原は若いころから、酒も煙草も一切、たしなまなかった。父が大酒飲みでそれを見て育ったため、酒は飲まないと決めている、と語っていた。またギャンブル、勝負事の類とも一切、無縁だった。（高橋さんや柳原の息子さんである健了さんのお話によると）柳原の唯一の趣味が賢治研究であった。講演にもよく招かれて賢治について語った。柳原は向中野学園の事務室で、７人ほどの職員に賢治の作った歌をコピーして配ることもあった。「赤い目玉の蠍」「日は君臨し」などを歌って紹介してくれた。中にはよくわからないような滑稽な、面白い歌もあった。おそらく賢治が花巻農学校の生徒たちに作詞作曲して教えた「応援歌」「黎明行進歌」などの類であろう。

柳原にとって賢治は生涯の恩師であった。義勇軍の青少年たちは柳原を生涯の師として尊敬し続けた。柳原中隊はある意味で、柳原を仲介とする賢治の教え子であった。柳原の優れた指導力の根底には青春時代に出会った賢治の生き方があった。それが北上開拓団が模範的な開拓団として評価される一因にもなっているのではなかろうか。

柳原は平成元年2月死去した。教え子で岩手山麓北上に入植していた久保田春松は「金沙北上義勇隊開拓団長　柳原昌悦氏の死をいたむ」と題して弔辞を寄せた。その弔辞を紹介しよう。

柳原先生との出会いから満州開拓、そして引き揚げと生死を共にしてきました。在満時代はほんのわずかの期間でしたが、私共と柳原先生の間柄は私共の人生のすべてでありました。

満州より生還はしたものの、正直に申して、当時は生きる希望もぐらついていました。

そうしていた時、南部開拓団代表、伊藤義一先生と柳原先生と協力して、農林省と、マッカーサー司令部に足を運び、岩手山麓の国有林開放の運動をされました。

その中から六四町歩が北上開拓入植地として分けられたのです。先生は入植当時は岩手県庁開拓課に席を置き、私共、義勇隊の在満当時の関係と全く同じ形で結びついていました。未墾地に入植して、将来どうなるものかなど、皆目わからなかったのですが、柳原先生の指導のもとに、再び開墾に着手し今日を得たのであります。

昭和一六年、渡満の日から今日まで半世紀、私共は六〇歳になっていますが、この間、柳原先生と私共は北上開拓という同じ釜の飯を食べて人生を歩いていたということになります。

憶えば多くの事柄が私共のに身に詰め込まれていますが、あの開拓の茨の道を迷うことなく、私共が歩いて来て、今日を得たのでありますが、その都度、満州にいた時と同じ気持ちで接して下さった柳原先生は、いわば私共の親父でした。

昭和二五年頃、岩手大学農学部の実習農場が北上開拓に隣接された時、国道の側に立ててあった「北上農場」という門票を「大学側に改めて下さい」

という要請がありましたが、私共の、「この北上農場という看板は、私共同志三三〇名の青少年義勇隊の歴史を語るものとして永く、継続、呼称していきたい」という申し入れに岩手大学もこれを諒解して下さったのです。

三年前、拓魂碑を建てました。柳原先生に碑文を書いて戴きました。困ったときは神頼みで、今日まで少々先生に頼り過ぎた感がありました。どうかお許しください。

北上農場は私共の後継者も人生意気を感じてやっています。

長い間、柳原先生にはご心配かけました。

先生のご逝去にあたり、金沙《きんさ》北上義勇隊開拓団同志を代表して一言、弔辞を申し述べました。

平成元年二月一六日　（『満州開拓追憶記』第16集）

この弔辞には柳原が戦後も北上開拓団の「先生」として教え子たちの面倒を見続けたこと、そこには子弟の深い絆があったことが窺がわれる。

柳原は戦後、満州開拓をどう評価し、また戦後の社会をどう感じていたのだろうか。昭和49年に発行された『満州開拓追憶記　第1集』の序文としてに次のような文章を寄せている。

戦後三十年、今年も八月十日（ソ連軍侵攻の日、開拓団崩壊の日としては八月九日）がやってきた。彼方の国境はいまだ凍土のごとく封されて遺骨取集も墓参の日も遥かに遠いかに思われる。

戦後、にわかづくりの民主主義で偽装した多くの進歩的だと自称する人たちによって、日本は満州を侵略し、そして満州開拓に関係した人たちは皆、侵略者であり、その手先だったときめつけてきた。

然しながら一方、世界のはてには食糧不足と貧困の為に毎年何万人と餓死者が続いているではないのか。ある国、ある民族、あるイデオロギーとその組織によって膨大な土地や海洋や資源が常に独占されつづけ、それをめぐって数々の闘いの絶える日がない。それでよいのか。

天意によるならば、この地球上のあらゆる土地や海洋や資源は常に全人類の為に開放され、活用さるべきものではないのか。

未来学者は云う「地球上の食料も資源も欠乏して人類の滅亡の日は近づいている」と。満州開拓の大事業はその意味で、世界史にかつてなかった最大の土地開放運動の先駆であり、これこそ全人類開放の闘いであり、建設事業ではなかったのか。

後世の世界史家たちよ、満州開拓事業を如何に評さるるや、誤りなきを望む。

柳原によれば満州開拓は世界史にかつてなかった最大の土地開放運動の先駆であった。これは戦後になって「満州開拓は侵略であった」という評価が一般的であるのに鋭く対立する考えである。

柳原は敗戦後も満州開拓は食糧不足や貧困から人類を解放する営みだと考えていた。満州開拓民の悲劇はその理想の実現が戦争のために挫折した点にある。開拓は人類を救うヒューマニズムに端を発する。そう信じたからこそ引き揚げ後に今度は国内の開拓に挑戦したのである。「拓魂」の理想は戦前も戦後も変わらない――柳原はそう考えた。

また昭和63年の「追憶記」には次のような文章を書いている。

戦後43年経つ、いまだに中国は食糧に事欠き食料を外国からの輸入に頼っている。ソ連にしても然り。アフリカにおいては毎年何万人もの餓死者が続出している状況を聞くとき、満州の開拓によってアジアのいま全世界の食糧生産基地としての役割は大きいものだったことが惜しまれる。そして今、かの満州を偲び、曠野の青春を回想し、元義勇隊の厳しい訓練による強い精神力と逞しい体力、兄弟以上の親しく深い拓友愛によって戦後の収容所生活に耐え、生き抜いてきたことを大きな心の財産として残している。発刊される写真集一枚一枚に思い出が刻まれている。限りない追憶の念を遥かに遠く満州の野辺に走らせ、これからの高齢化社会に生きてゆく支えにしてゆきたい。

これらの文章を通してわかるように、柳原は戦後になってにわかに誕生した、いわゆる「進歩的文化人」、「民主主義者」、国内の体制が変わると同時に手のひらを返すように、自分の主張を変える人々に腹を立てた。そういう人たちは満州移民をただ「侵略」の一語で片づけ、開拓民や義勇軍は侵略者であり農業、そのための移民という、命を養い育む尊い営みをただ「侵略」の一語で片づけている。

飢えや貧困から救うべく「国の浮沈大事に召されて」「東亜の糧の増産に鍬と汗とをひとすじに捧げつくせし拓士」のどこに問題があったというのか。「五族協和」による「王道楽土の建設」めざして開拓民として生きたことは正義でこそあれ、何ら批判されるべき疚《やま》しさはない。柳原はそう考えた。柳原の信念は戦後も変わらなかった。それなのにいわれなき侵略の批判を受ける。それが我慢ならなかった。「戦後、日本人の生き方がすっかり変わってしまった、がっかりだ」と語り、戦後の空気については批判的だった。

上記の文章で注目すべき点がある。それは満州―中国東北部の開発がアジアや全世界の食糧基地としての大きな役割を果たしたかもしれないのに、と開拓の挫折を惜しむ気持ちである。国家を超えて広く世界中の人々の食糧基地になる可能性を秘めてゐた開拓事業であるのに、と柳原は惜しんでいる。いかにも大陸開拓を夢みた人らしいスケールの大きな考えである。食糧の増産は全世界の人々の命を守る尊い事業だという信念、それに自分はかかわったのだという自負がここにはある。柳原は満州国建国という政治的、また軍事的な失敗、挫折を問題とせず、どこまでも開拓民としての理想信念を語っている。

満州開拓の担い手であった義勇軍の教育については、これを「強い精神力と逞しい体力」を養い、隊員同士の深い交流―「拓友愛」があったとして肯定している。

柳原は、義勇軍の教育に自信をもって素晴らしい教育だった、と述べている。たとえ戦後、民主主義国家になったとはいえ、身に付いた価値観はそう変わるものではない。柳原は、教え子たちにも義勇軍で学んだことを心の財産として、誇りをもって戦後を生き抜けと激励している。そして自ら元青少年と義勇軍の隊員の組織、「岩手県拓友会」の会長さえ務めている。柳原は戦後も義勇軍の指導者であったといえば言い過ぎであろうか。それにしても柳原が戦後滝沢市狼久保に北上義勇軍を作ろうとしたことの意味は重い。

柳原の戦前に抱いていた国家神道の信仰は戦後どうなったであろうか。

柳原の家には仏壇はあったが、神棚はなかった。思えば国家神道は政府や学校を通じて上から押し付けられたものだった。「天皇陛下のために国のために命を捧げよ」という強制力がなくなり、軍国主義国家から平和と民主主義の国家となった。だが、新たな価値観の形成には時間を要する。

息子の健了さんが大学のゼミで「天皇の戦争責任」と言うテーマに取り組んでいる時、柳原は「天皇にも戦争責任があるな」と語ったという。しかし天皇制自体については、固くその必要を認めていた。勤め先の学校の事務室で、天皇不要論が飛び出した時、珍しく大声をあげ、形相を変えて争ったという。

中国との関係については戦前の反省から、その友好を願い、関係改善を心から願っていた。それは平和への熱い思いと結びついていた。その平和の理念を支えたものはやはり賢治だった。平和主義者として賢治が再びよみがえってきた。賢治こそ戦前も戦後も変わらぬ支柱であった。賢治に関係する講演にはよく足を運び、賢治関係の書籍が山と積まれた。賢治関係の集まりで出かける夫に妻は「また賢治」と半ばあきれることもあった。

戦争を仲介として賢治の受容、解釈も変わったであろうが、柳原を支えたものは国家神道でも、特定の仏教の宗派でもなく、やはり開拓者としての「拓魂」であり、賢治だった。柳原は昭和39年から行われた慰霊祭には毎年参加して拓友との交流を温め、拓魂を思い起こした。柳原にとって開拓民として生きた拓魂と賢治が生涯の心の支えとなったといえようか。

（付記）本稿をなすにあたって柳原健了さん、高橋光さん、元柳原中隊の佐々木慶次さん、同じく工藤留義さんから情報提供を頂いた。付記して感謝申し上げる。（本稿は一部『北の文学』73

号に発表したものです）

八　開拓民の戦後

1 開拓民の戦後——満州体験の思い出、共有化

雫石町網張温泉の下の岩手山麓の樹木に囲まれた一角に「岩手県開拓公苑」（一般社団法人岩手拓友協会の所有地、もともと国有地であった）がある。「公苑」とはいえ、訪れる人もなく、じめじめした暗い一角は町民の演じる劇の中で「心霊スポット」として紹介されたこともある。さびれた公苑はいみじくも現代の人々が戦後開拓、そしてその根源である満州開拓を忘れていることを示しているようにも思われる。

敗戦後、辛うじて引き揚げてきた開拓民はその多くが岩手山麓をはじめとする岩手の厳しい自然環境の中で、貧困と厳しい手作業的、原始的労働に励んだ。開拓の労は報われ、昭和45年、開拓25周年までには、耕地は水田1万ヘクタール、畑地3万ヘクタールに達した。これは県内耕地面積と比べると水田10パーセント、畑地50パーセントに当たるという。これによって、それまで未墾地として顧みなかった山林原野が耕地として利用出来るようになった。戦後開拓によって県下に酪農が定着した功績も大きかった。

戦後開拓は日本を復興するどん底からの再生の大事業であった。それは満州開拓の挫折の上に実を結んだ。岩手県の行政の支援に加えて、財団法人岩手県開拓振興協会が設立されて開拓が成功した。

敗戦後、開拓民の間では「外で失ったものを内で取り戻すのだ」という言葉がしばしば語られた。戦前、狭い国土に多くの人口を抱えている、それが貧困、食糧不足をもたらしている、だから広大な満州を開拓して、問題を解決するのだ、政府はそう国民に説いて、多くの人を満州に送り込んだ。満州開拓は国策であり、異国とはいえ軍隊、それも世界に冠たる関東軍が守ってくれるから安全だ、と信じた。だが、開拓は挫折し、すべてを失った。その時初めて「狭い」と言われていた国内の開拓に挑戦することになった土地も多い。

戦後開拓は考えようによっては戦前までの大陸進出、帝国主義的侵略の「贖罪《しょくざい》」（罪滅ぼし）的事業であった。満州開拓では、多くの仲間、家族を失って、心から平和を求める意識が高まっていた。平和憲法は決して単なる押しつけでなく、愛する家族、仲間を失った悲しみ、軍国主義への深い反省から生まれた。慰霊塔は戦争と平和のシンボルであった。

だが、慰霊塔は敗戦後すぐに建立されたわけではない。食糧や物資の不足、住む家ももてないような貧困をくぐりぬけ、ようやく生活の自立をかちえるようになって来た。日本は復興したのである。それは「奇跡の復興」とも呼ばれた。復興と同時に、満洲開拓、戦後開拓の労苦を思いおこす余裕も生まれてきた。「開拓公苑」を作ろうという思いが湧きあがっていくのはそういうゆとり、自信の中からであった。

開拓公苑の歩みを具体的に辿ってみたい。

昭和45年10月、開拓25周年（戦後開拓）にちなんで、網張温泉の下の地域に敗戦からの復興を目指して「岩手開拓十万町歩」を目標に、入植、開拓に汗した。その開拓が成功したことを祝って、将来は「開拓公苑」にすることを予定して用地を買収した。用地には桜やツツジが植樹された。

崩壊した開拓団、その人々を結び付け、組織化する上で、岩手県満州開拓自興会《じこうかい》（満州からの一般引揚者の組織）の力が大きかった。その初代会長は小森茂穂で、小森が死去した後、二代目会長として堀忠雄が務めた。その後、三代目は及川正一であった。注目すべきは、これらの開拓のリーダー達はすべて満州開拓の体験者であったということである。戦後開拓はその人材をＧＨＱの農地改革政策によって、農地をもつことができるようになった農家の二、三男と満州開拓の体験者から得ている。しかし、それ以上に存在感を発揮し敗戦後の農業のリーダーとなったのは満州開拓の参加者であった。

満州開拓自興会の他に、岩手県拓友連合会という、戦前、満蒙開拓青少年義勇隊の隊員であった人の組織があった。会長は柳原昌悦であった。昭和58年、自興会と拓友連合会を統一、岩手県拓友協会と組織名を変更した。

昭和48年、第4回の拓魂祭がもたれ開拓に功のあった岩手県知事千田正の胸像の除幕式が行われた。開拓記念碑は姫神山からとった御影石に「拓魂」の2文字が刻まれた。書は千田正の揮毫《きごう》によるもので、裏面には高村光太郎の「開拓に寄す」という詩が刻まれた。「拓魂」はこの開拓公苑のテーマを示したものであり、光太郎の詩は、もともと昭和25年、花平開拓団の人たちの依頼を受けて作られた詩である。花巻の山口部落の小屋に独居自炊して畑を耕し、開拓民とも交流のあった光太郎の詩には、開拓の希望が明るく謳《うた》われている。（324ページ参照『岩手山麓開拓物語』）

開拓に寄す

高村光太郎

岩手開拓五周年、
二萬戸、二萬町歩、
人間ひとりひとりが成しとげた
いにしへの國造りをここに見る。
エヂプト時代と笑ふものよ、
火田の民とおとしめるものよ、
その笑ひの終らぬうち、
そのおとしめの果てぬうちに、
人は黙つてこの廣大な土地をひらいた。
見渡す限りのツツジの株を掘り起こし、
掘つても掘つてもガチリと出る石ころに惱まされ、

五年の試煉に辛くも堪へて、
落ちる者は落ち、去る者は去り、
あとに残つて静かにつよい、
くろがね色の逞ましい魂の抱くものこそ
人のいふフロンテイヤの精神
切りひらきの決意、
ぎりぎりの一念
白刃上《はくじんじやう》を走るものだ。
開拓の精神を失ふ時、
人類は腐り、
開拓の精神を持つ時、
人類は生きる。
精神の熟土に活を與へるもの、
開拓の外にない。

藤や蕨のどこまでも這ふ細根《ほそね》に挑《いど》まれ。
スズラン地帯やイタドリ地帯の
酸性土壌に手をやいて
宮澤賢治のタンカルや
源始そのものの石灰を唯ひとつの力として、
何にもない終戦以来を戦つた人がここに居る。

トラクターも　ブルトーゼも、
そんな氣のきいたものは他國の話、
神代《かみよ》にかへつた神々《かみがみ》が鍬をふるつて
無《む》から有《う》を生み奇蹟を行じ、
二萬町歩の曠土が人の命の糧《かて》となる
麦や大豆や大根やキャベツの畑となつた。
さういふ歴史がここにある。

開拓の人は進取の人。
新知識に飢ゑて
實行に早い。
開拓の人は機會をのがさず、
運命をとらへ、
萬般を探つて一事を決し。
今日は昨日《きのふ》にあらずして
しかも十年を一日とする。
心ゆたかに、
平氣の平左《へいざ》で
よもやと思ふ極限さへも突破する。
開拓は後《あと》の雁だが
いつのまにか先の雁になりさうだ。

開拓五周年。
二萬戸、二萬町歩。
岩手の原野山林《さんりん》が
今、第一義の境に變貌して
人を養ふもろもろの命の糧を生んでゐる。

記念碑建立の翌年、昭和49年9月21日には満州開拓殉難者の慰霊塔が建立された。その2年後、満州開拓青少年義勇隊の小林中隊の慰霊塔が建立された。慰霊塔は昭和7年から昭和20年にわたって岩手県から満州に送出された満州開拓団員、および満蒙開拓青少年義勇軍の物故者を弔うもので、十三重の慰霊塔である。二重の塔や五重塔はよく見るが十三重の塔は珍しい。これは満州でよく見かける塔で開拓民にとって満州の思い出につながる建造物だという。慰霊塔は義勇軍の犠牲者を含めた満州開拓者全体の犠牲者の霊を慰めるものだったが、義勇軍の小林中隊の全員の氏名を刻んだ慰霊塔がそれに並んで建立された。

これらの慰霊の塔の建立に尽くした人物として会長に小森茂穂（岩手県開拓自興会会長、元依蘭岩手開拓団団長）、副会長に柳原昌悦（元義勇軍の柳原中隊長）、堀忠雄（元五福堂新潟村開拓団長）の3人の名前が記されている。この3人、わけても堀忠雄は引き揚げてきた満州開拓団、青少年義勇隊を組織化し、体験を互いに語り合い、共有化し、記述する上でも大きな役割を果たしたリーダーである。

昭和49年雫石町の網張温泉下の
開拓公苑に建立された当時の慰霊塔

昭和49年4月には、慰霊塔の建立の外に、『満州開拓追憶記』が編集発行された。この追憶記は以後第28集（平成18年）まで刊行された。これは満州体験者の記憶に生きている満州の思い出を会員に書いてもらって編集した文集で満州開拓を知る上で貴重な資料である。文筆の才能に恵まれた堀忠雄の働きかけによって完成したもので、堀が実質的な編集者であり、また自身も欠かすことなく毎号、貴重な論文を投稿、掲載している。

慰霊塔の建立から、「追憶記」の編集、慰霊祭の実行に至るまで中心になったのは自興会である。会長、副会長は満州開拓殉難の塔の建設委員とおなじで、これに事務局長として高瀬三郎が、さらにまた、顧問として千田正、野原正勝（衆議院議員）、椎名悦三郎（衆議院委員）がつくなど、そうそうたる顔ぶれであった（『満州開拓追憶記』第2集）。国政にたずさわる政治家が顧問になっているのは、満州開拓、その挫折、悲劇が国家の責任、政治の責任であることを自覚しているからである。

岩手県満州開拓自興会の事務室は盛岡市中央通り2丁目にある開運ビルの一角に置かれ満州開拓に参加したリーダーたちの活動の拠点となった。小森茂穂・柳原昌悦・堀忠雄らを中心として小田耕一（元岩手県満州開拓主任官）、佐藤次正（岩手県開拓農業協同組合連合会長）も加わって岩手県全県をまたいで満州開拓の追憶は一種のブームと化し温かい絆が生まれた。それはまさに「拓友」であった。

昭和49年慰霊塔の建立に際しては、第一回拓魂祭が盛大に行われた。岩手県内各所に暮らす元満州開拓民に総会の案内状を出したところ、２００人以上もの元開拓民が参加、ぬくもり荘で夜の明けるまで語り合い、飲み合った。彼らは同じ悲惨な思い出を語り合って互いの心の傷を癒して戦後を生き抜いた。満州開拓から戦後開拓へ、軍国主義から平和主義へ、思えば開拓民ほど時代の矛盾を生きた人々はなかった。

昭和55年ごろから満州残留孤児からの一時帰国、永久帰国が大きな社会問題となった。花巻市在住の三田照子は積極的にこれらの人々を世話した。堀忠雄はそれを側面から支援した。堀忠雄は三田照子の情熱的な、スケールの大きい人間性に強く惹かれるものがあった。残留孤児の帰国が問題となったのは、昭和47年、田中首相の中国訪問、昭和53年、福田主相の日中平和条例の締結といった日中の和解ムードがある。やがて元開拓民の中国訪問が盛んに行われるようになる。堀も元開拓民に「日中友好促進者になろう、訪中団を組織して中国を訪れよう」と呼びかけている。

平成元年には救世観音像が建立された。平成3年には総会参加者や観光客のために宿泊施設、「ぬくもり荘」がオープンした。総会の参加者は200名にも及び極めて盛会だった。

だが時が経つにつれて満州体験者も長い歳月と共に減少、高齢化してぬくもり荘の宿泊客も減っていった。ぬくもり荘は平成20年についに閉鎖となった。ぬくもり荘は開拓公苑とともに栄えたが、令和2年の現在、廃墟のように残されている。

その間、平成4年にはテニスコートがつくられ、祈りの鐘が設置されたりした。また平成8年には戦後開拓に功あった野原正勝の碑が建立されもした。だがこれらの設備も観光客、宿泊客を呼ぶまでには至らなかった。

慰霊塔の建立から30年、開拓公苑の2基の十三重の慰霊塔は思いもかけない運命をたどることになる。

平成18年4月12日の夜、岩手県満州開拓振興協会の一人から電話があり「開拓公苑の二基の慰霊塔を速やかに撤去して頂きたい、その土地は売却するから」ということだった。晴天の霹靂だった。開拓公苑の所有は岩手県開拓振興協会になっているから立ち退きを命ずる権利はある。だが、それはあまりに唐突であった。なぜ慰霊塔は開拓公苑から移転、撤去されなくてはならなかったか、それについては真相は不明である。開拓の成功を記念する碑と開拓の夢破れて亡くなった人々の慰霊塔は調和がとれないとでも考えたのだろうか…。

幸いなことに滝沢市砂込に住む元青少年義勇軍の川村徳治から、砂込にある自分の土地を慰霊碑建立の土地としても良いという申し出があり、砂込の地に移転となった。これで一件落着した。

ところが慰霊塔には新たな困難が待ち受けていた。

それは慰霊塔の前で毎年行っていた慰霊祭が会員の高齢化のために行いにくくなったことである。考えてみれば柳原昌悦、小森茂穂、そして堀忠雄という三人の初代リーダは十三重の慰霊塔が雫石町の開拓公苑から搬出されるころは、すでに世になかったのである。

拓友の霊を祭る慰霊塔はどうなるのか、という不安を覚えた人が集って平成22年5月、「岩手県満州開拓殉難者の霊を守る会」が発足した。砂込に移転された慰霊塔を守ろうと、田代イチ、及川耕一、小森茂如、山下辰郎、伊東保男、川村則夫、山下キヌら肉親を満州で失った諸氏が中心となって慰霊塔の前で慰霊祭を行った。

平成23年3月11日、東日本大震災があり、慰霊塔は歪んだり、ずれたりする被害があった。会員は資金を拠出しあってこれを修復した。

令和3年の現在、会員の死去は相つぎ、毎年続けてきた慰霊祭も風前の灯となった。満州開拓の同志戦後開拓者の物故者の霊を弔い、平和を祈る篤い心をもって建立された慰霊塔（そして残された資料、特に堀忠雄の所有していた資料）は今や、その守り手を失おうとしているのである。

2　「開拓営農の断層」――堀忠雄

ここに紹介する文章は『戦後開拓五十年史　拓魂不滅』（平成11年社団法人岩手県開拓振興協会刊）所収の堀忠雄の書いた一文である。堀忠雄は五福堂開拓団の団長として民族による差別のない

理想的な村づくりをめざしたが帰国後岩手にあって満州開拓について研究・調査を続けた。また岩手の戦後開拓に力を尽くした。この文章は戦後開拓を知る第一級の資料で堀の開拓民との幅広い交流、戦前、戦後の開拓民の動向がうかがわれる。

私は縁があって昭和二十二年四月、岩手県庁開拓課にお世話になった。

㈵開拓課の営農主任佐々木節氏は新潟県人だった。私は昭和十二年から新潟県人の第六次五福堂移民団長となったから、佐々木氏は私の名前だけは知っておられた。

開拓課長の川村さんは特に食物栄養に対する知識が豊富でかつ実行者で、緊急開拓者の山の中で生活に海藻等の供給の重要性を重んじ、その知識人を開拓連合の参事に就任させてくれた心の温かい方であった。

私も満州開拓時代食物に関する手配不備から多くの間違いを蒙った経験から三浦参事の行為に注目していた。

開拓課営業係の末席に居た私に対し佐々木主任は「進駐軍から呼び出しがあったから一緒に来てくれ。」

と申されたので同行いたしました。進駐軍の方はバッシー大尉と云う人で、日本畳の上を靴のままどしどし歩いている姿に私は少なからず反感のようなものを感じたが、我々は敗戦民族だ……と在満時代の延長戦を味わった。

その命令は

「観武原は、軍は必要ないから開墾してもよい。」

と云うことだった。

㈱観武原《みたけがはら》は、以前入植者が決まっていたのに、進駐軍は飛行場にしたいという案により開墾中止になっていた。

それが昭和二十二年の春に解除になった。

私達は直ちに

「今迄、開墾を控えていたのですから早速着手しますが、何か機械があったら世話してください。」と要請しました。

後日古戦車を準備してくれたが、その燃料がないからまた要請しましたら、仙台農地事務局石田晋氏を進駐軍に呼びつけて燃料斡旋を命じていたが、石田氏は、

「岩手県のことは岩手でやれ。」

と云う意見、止むなく某氏が隠している燃料を徴発することになってその燃料で開墾に着手した。

㈲みたけの現在運動公園になっているあたり南北約七〜八百米位戦車で開墾してくれた。戦車の速度が速いこととプラウの具合で反転が極めて不良であった。

開拓課の湯田二郎氏は、北海道に出張して大豆十俵を手に入れてくれたので、みたけの入植者に播種《はしゅ》（田畑に作物の種子をまくこと）させた。

後日宮田さんと升野さんとがやって来て強硬意見

「あんな風に大豆種を捨てるように播いたって物は収穫できるもんか。」という。

私はこっそり申し上げた。

「開墾すれば開墾補助金が出るんだから、まあそれまで我慢するんだね。」

㈲アメリカ開拓時代は、七十五町歩の区切られた原野に五年間住んでいればその土地はその人の所有権にしてどんどん西部開拓をやった歴史がある。日本では収穫ある無しには関係なく、汗水たらして耕起すればその分は開拓補助金が交付されて、まあまあ開拓者は生きていられる……という仕掛けになっていた。

※

ある日、私は開拓課に勤務していたら国分知事から呼び出しがあった。初めて知事室にいったのだったが、知事さんは得意の開拓経験談長々と続いた。しばらく私は聞いていたが申し上げた。

「知事さん、私は忙しいことがありますがご用件は何でしょうか。」

急に国分知事は小声になり

「あのね……わしの次男坊が台湾からの引揚者で、七～八反歩もあればよいが観武原に入れてくれんか?。」

というお話だった。

※

開拓課では仁王小路にあった倉庫を利用して海産物取引のベテラン三浦参事を中心に何人かの人で開拓世話所を運営していた。開拓民の代表八重樫治郎蔵さんが川村開拓課長に交渉して私を開拓連合会に派遣してくれるという。川村吉五郎課長から事の次第を申されたから承諾することにしたら、課長さんは正式の官職にしてから退職を許可してくれた。

人情の厚い方だと私は見直した。満州では敗戦後開拓民は人間扱いされない丸々一ヵ年だったからその恩は私にとって暖かさを知らせてくれた。

※

県の開拓課では、奥中山は一戸当三町歩、観武原は一戸当二町歩にして地図の上に四角の区割りをしていた。ところが滝沢の御料林に入った元満州永安屯の設計では防風林を含めて五町歩の割り方を木村直雄団長は持ってきた。こうなると役所も理論的にすべきものと判断して六原農場長の松野傳博士（元北大教授、満州開拓の総局勤務のプラウ博士）や岡本昌訓（北海道より西山に入植した村学者風の開拓者）らが協賛の場を作って話をすすめていました。戦後の緊急開拓は満州開拓のように自作農育成という目的もさることながら戦後職を失った浮浪者同然の人々を未墾地に結びつけておくという体裁のいい失業対策でもあったからか各地各様に入植させていた。

愈々開拓地も農業開発意識となり、国は補助政策として酸性土壌対策に炭カル無償配給が始まった。

そして気がついて燐酸肥料（溶性燐肥）も付け加えられ始めた。（実際には県財政の関係から全額補助となったのは相当あとのことである。）

県開拓課の湯田二郎から私に対し「牡犢《ぼとく》（オスの子牛。反対語は牝犢《ひんとく》）導入案」が提案された。その定義が私共の生活にない語呂、開拓連木村直雄《ただお》専務は「野郎牛（オスの牛）導入対策」と称していた。湯田二郎氏の案はこうであった。

「北海道では生まれたばかりの牡子牛《おす》は酒一升と交換という経済価値だ。これを自然の草を食べるまで生き伸ばしてそれを岩手の開拓地に導入すればその糞尿は畑に行く……敷き藁は堆肥となる……歯磨きようじみたいなひどい小麦の穂も大きくなる……そうするために県として補助基金を出して岩手の開拓地に牡犢を導入する……という案だ。」と説明された。

私は満州開拓を十年やり、酸性土壌というものにはまったく経験がないから湯田さんの原案に賛成した。その事業のため牡犢導入事業として一頭当たり一万円として半額五千円の補助事業として県補助金制度を創り出す……という案であった。多分この予算獲得は大変な苦労があったと思われる。トップの石田晋部長は北海道人、県会議院の小泉一郎氏はベコ屋、押しの強い鈴木藤七郎氏は岩手県盛岡市山岸の牛屋、まあ「人材はある。」という事業であった。さらに北海道雪印乳業は岩手に目をつけているし西山の岡本昌訓開拓者は酪農のベテラン。然し緊急開拓の指導者にはそういう人材はなかった。

※

木村直雄《ただお》専務が県から帰ってきて私を呼びつけた。

「堀さん、予算で県費七百五十万円取れたよ。これを開拓連がやることになるが人がいないね。何とか考えはないかね?。」

「それをやれるひと……ありますよ……。」

「何処の誰か?。」

「今汽車に乗っているよ。」

㈱私と満州に十年も酪農で付き合って来た小西義太郎が、今日福島に入植地を見て盛岡に立ち寄った。そして午後の汽車で郷里北海道の安平に帰ったばかりであった。

「その人を呼べよ。」

※

私は早速北海道の小西義太郎宛に電報を打った。

㈱昭和十三年夏、小西義太郎は、実験農家代表として北安省通北県に牛と共に入植していた。その時の副県町は東大出身の小島正雄氏。小嶋氏は私の大学の先輩であったから実験農場の入植地について相談があり、通北駅前の未墾地に決定した。北満にマンサード牛舎を建て、煉瓦によるサイロを建てて完全な酪農部落を作った。昭和二十年八月十五日、日本敗戦後も牛乳を今度は無償で満軍（治安維持隊）に毎日運搬して寄付していた。

小西義太郎と私は再会して承知してもらい、福島県の入植を断って岩手に来ることになった。木村専務に私は要求した。

イ、小西義太郎氏を開拓営農指導者として県は発令する。

ロ、小西氏の席は開拓連合会に駐在させること。

ハ、小西氏の出張命令は開拓連の事業のみすること。

ニ、小西氏は至便の地に入植させること。

この交渉に木村専務はそのとおり決定してくれた。

※

愈々《いよいよ》牡犢《ぼとく》導入事業に着手となった。先ず開拓連は三浦参事と交代して経済連の駒場さん（加藤完治の崇拝者）を開拓連の参事に採用して中金との借入金交渉を進めることとなった。

私と小西は北海道中央会と交渉して牡犢の購買輸送、代金決済をやることになった。北海道中央会の係員在田さんは幸い岩手開拓連職員の氏家さんが空知農業学校教員時代の生徒であったから、特にこの事業に対して立派に協力して下さることになった。札幌駅前の山形屋旅館に宿泊していた私共に北海道から国会議員になっていた深沢吉平氏が訪ねてきてくれて、岩手の酪農が地について発展するよう望まれていることを知りその先生の好意に感謝した。そして一言先生から教訓をいただいた。先生は申された。

「岩手は水もよし、気候もよし、悪いのは頭だけ。」

私は驚いて又質問した。

「どうしたら良いのでしょうか。」

深沢吉平先生は

「デンマークの農業発展の原因は、農民が飼料単位（ＦＥ）を使って資料管理の学理を一般農民に普及したからだ……それには開拓に先ず（ＦＥ）を教育することですね。」

それで私共は岡本昌訓氏からＦＥ論を根本から教えてもらった。そして私は開拓者個人の農家経営を調査して多くの開拓者の農家の実績を分析した。家畜の飼料はＦＥ計算で考えてみると至る所に乳牛飼料があることが解り、且つ乳牛に必要な飼料の種類も多くそして下閉伊郡下の石灰岩地帯が昔からの牛の育成地であることを再認識させてくれた。西山村の岩手山麓に（現在の雫石町西山の奥地）クローバーの水かけ栽培など、有利な条件も理論的に解ってきた。

こうして私は開拓者の農場分析をし、そしてFEを使用して円形図解して酪農経営に入ってゆく門口を探すようになった。牡犢導入は昭和二十五年、二十六年、二十七年と三ヶ年にわたって岩手開拓地に導入し、牛になれた人々には愈々乳牛の導入対策を考えなければならなかった。

※

牡犢導入も計画通りに進んだ。そして愈々乳牛導入ということになった。それには先ず畜舎をどうするか……の問題となり、そしてその実現は畜舎設計からであった。小西指導員は、満州に於いて（昭和十四年から）も畜舎設計は自ら大工になり自ら左官になって実現した人であったから、今度岩手の酪農計画は先ず六頭収容できる畜舎を建設することであった。それにはデンマークあたりで普及しているマンサード牛舎設計であるが、岩手にはマンサードの建物をやったことのある大工さんはいなかった。岩手山麓南部の上郷（長野県出身引揚者）に建設してみることにした。開拓連の資金で木材を注文し小西指導員と南部の団員とで建築を開始した。これを見た建畜産課のお役人様は開拓連のアパート牛舎と批判し始めた。

㈱県畜産課の酪農施策は、一頭の牛に必要なサイロ建設が主であって。この指導者は雫石の某氏であった。

そして上郷開拓地に三棟のマンサード牛舎ができた。屋根トタンには赤ペンキを塗り北欧風の丘ができたので開拓者も誇りをもって乳牛を飼う気持になった。ところがお役所というところは理論好きで、小西指導員のマンサード牛舎は建築基準法に合致していないという意見が開拓課の某氏から出された。そして業者にその設計見積書を作成させたら小西指導員の建設したマンサード牛舎の建築費より遥かに多くの経費がかかることになり、開拓者の方から

「こんな牛舎はいらん。」

という話にもなってしまった。サイロも六頭用から大型になった。こうして岩手山麓にマンサード牛舎とサイロが建った。愈々乳牛導入だ。

※

牡犢導入してから二年が経過した。初めの計画では牡犢を大きくし肉用として

「開拓連が売却して続いて牡牛を導入する。」

という筋書きであったが現実はそんな文句無しの状況ではなかった。それで開拓者を対象と

していない畜産局の「有畜農家創設事業」という既存の農家対策の事業に参加する案……これは大変に難しい道である。それで八重樫治郎蔵会長は世界を航海してきたマドロス気風から農林大臣に直接交渉する……という冒険の道に足を入れた。幸い野原先生が農林政務次官であったから陳情することになった。八重樫治郎蔵氏、県からは佐々木節氏、それに説明役として私と県の佐藤力氏が同道することになった。野原さんは終戦直後川尻の営林署長時代に第七次義勇隊が渡満できなくて中隊長菅野敬一氏の率いる青少年を沢内村貝沢野の国有林地を開放すると言う「離れ業」をやられた先生だから必ずやれるだろうという望みをもって交渉をやることになった。

その行動以前に湯田次郎さんと私に北海道雪印乳業の藤江事務部長の御意見であったデンマークから赤牛（乳肉兼用）の導入案が出されていたから、その事業と直結する開拓者の営農をデンマークのFE飼料単位を使って開拓者がデンマーク赤牛を導入しても大丈夫という経営診断書を作成していた。その交渉は次の順序の道を辿った。

イ、農林省の有畜産科創設要綱は既存農家に乳牛（一頭）を導入してサイロ（一頭分）を建設する案。県畜産課の係員は某氏であった。

ロ、前項イを乗り越えて直接農林大臣への陳情案骨子は雪印藤江事業部長の斡旋交渉でデンマーク赤牛導入案とした関係からどうしても農林大臣の許可が先行する……。したがって野原次官から直接大臣に提案する案となった。

ハ、八重樫治郎蔵氏は世界のマドロス、普通人とは相違して大臣の陳情にはもってこいの人である。

世田谷の農林大臣広川広禅氏の寺兼自宅を訪問した。東京の焼け跡の空気が残っている庭園と寺本堂（小型の建物）と研修生の行っている農園を見学して大臣と直接面会ができた。色白の話題から赤牛導入案を申し上げた。デンマークより空輸、フランスのマルセイユに運び地中海を東進して日本に輸送する案を八重樫治郎蔵氏は面白く語られた、地中海を東進する航路は赤道に沿っての旅、どうかなあ？　という話も飛び出した。広川広禅農林大臣は微笑を浮かべて

「塩を嘗《な》めさせてやれば大丈夫さ。」

と一言。

…さあ、決まったぞ…

その一言がその日のうちに畜産局に流れた。係官の牧野枝官は

「野原旋風だ。」

と大騒ぎとなった。後日私と湯田さんと共に牧野技官を訪ねて多くの開拓者の経営を調査分

析し、それを堀式円形診断書を見せてこのことを強調した。

「赤牛導入しても飼育に実力はある。」

牧野技官も百部近い開拓営農の円形診断書を見て
「堀さんの診断書には参ったよ……但し条件があるよ……。」

「何ですか?。」

「デンマークの赤牛導入案ですが、地中海を東進する船便はダメですね……。それより赤道を直進通過する案として、ニュージーランドやオーストラリアから『ジャージー種』の導入にしたらよい。」

湯田二郎氏は北海道にいた時代、三田牧場のジャージー牧場を知っていたから直ちに賛成された。

※

こしてジャージーを先ず県北から入れてゆく案となった。それがきっかけで盛岡に森永乳業会社を進出させる動機となった。

※

時代は開拓五周年式典となった。東根開拓の藤原嘉藤治《かとうじ》氏は高村先生との交際もあり、以前は女学校の音楽教師、宮沢賢治さんにチェロを教えたり、詩人高村光太郎さん等花巻中心の芸術家サークル。開拓五周年式典で藤原嘉藤治氏は高村先生の詩『開拓五周年』の名文を読み上げた。その中の一句は全国開拓者に勇気をよみがえらせた。

「心ゆたかに平気の平左で
よもやと思ふ極限さえも突破する
開拓は後の雁だが
いつのまにか先の雁になりそうだ。」

この一句は全国の開拓者に快哉の叫びとなって伝わった。続いて北海道の酪農名人、政治家の深沢吉平さんの声となった。

「沃土《よくど》の民は材ならず　淫すればなり
痩土《そうど》の民は義に向かわざるなし　労すればなり
岩手は土地もよし　気候もよし

春早く来たりて復活を彩る
岩手は酪農の母である。」
と名句を授けてくれた。

㈲後年西山の岡本吕訓氏は、深沢吉平氏の人間像を著書として出版された。

※

昭和二十七年春、私と小西指導員は早池峰山麓の満州開拓生き残りの大野平入植地を訪ねた、たまたま小西指導員の講話の中、冷気の山岳地帯だから馬鈴薯の芽は伸び始めているがすっぽり中耕して土を寄せておけば冷霜害を乗り越えるものだ……と経験を申された。団員の千葉良初（幕舘から移動してきた満州生き残り）は、翌日早速土を寄せてたら何とその翌日凍霜害、他の開拓者は馬鈴薯のまき直しとなった。

この開拓地は入植当時は付近の既存農家は開拓者に飯米は全く売ってくれなかったから、満州引揚げ開拓者は「ドングリ」を山から集めて工夫して主食とした時代を思い返して馬鈴薯《ばれいしょ》は命綱、全員まき直しとなった。これで大野平だけでなく全県が凍霜害に見舞われてしまった。今までは割合に順調にきた緊急開拓地も、この一朝の凍霜害でどん底に突き落とされてしまった。

※

丸裸の緊急開拓者には凍霜害の被害は岩手では今に始まった事ではない。岩手の歴史を調べてみたら、三百年内に百回も災害を受けていた。天明の飢饉では盛岡周辺で五千人も餓死で死んだという歴史があった。

今の緊急開拓はどうなることだろうか？

……例外資金の獲得運動は県行政……

それに相乗りしたのは開拓連の小川専務だった。ゼニは中金から貸出されたがその保証は県。誠に筋書きは立派であったが災害を受けた現地の被害者は別の立場であった。開拓連盟の開拓運動費は何年も未収金ばかりたまっていたから、この資金から代理受領という要領のよさ。次から次へと人間の動きが変化していった。

……各種資金は必ず貸主が取り立てる……

誠に当たり前のことであったが、なかなか筋書き通りに行かない。とうとう開拓連には農林中金から職員二人が派遣されて監視の役目だった。

いくら回収期が来ても開拓地からは返済されてこない。

ただし、その中に必ず返済してくる開拓組合長もいた。

南から戦犯に入れられようとした胆沢の鳥海小野一郎組合長、盛岡の散り散りばらばらの人々を入植させた佐藤次正組合長、山ばかりの巻堀村元村長の次男坊工藤貢組合長、元ノモンハンの大隊長渋川の日戸組合長がいた。

償還をいつも延滞する勇士は大組合であった。誰の造語か三山賊という悪名が残っていた。来たから岩手山賊（麓）（滝沢村）、奥羽山賊（麓）（和賀の開拓統合）駒ヶ岳山賊（麓）（金ヶ崎）

この山賊は本物かといえばその逆で、後代に模範開拓地に成長しとうとうこの山賊群から天皇杯を戴く岩手の名将が生まれた。即ち滝沢の花平開拓組合、奥中山開拓組合、胆沢の和光開拓組合である。よく検討してみると、その根本は凍霜害でやられる作物を農場から追放して凍霜害にも強い経営に転換した開拓者の勝利。言いかえれば災害を先生にして学んだ人々だ。

※

今から三十～四十年前の開拓地に思いを辿れば、凍霜害資金の回収に私は二戸の豊畑開拓地に行った。開拓地には男子団員は一人もいなくてみんな出稼ぎに出ていて、私が償還金の催促に行ったが、集まってきた人は夫人たちだけでありどなたも子供を抱いていた。ある夫人は私に近づいてきて言う。

「堀さん、そんな償還金、償還金と申されても亭主たちは全部出稼ぎです。私ども夫人はこの大切な子供を飢えさせない工夫だけです。」

「まあ、どうか……この子を連れていって……。」

私は満州開拓時代は色々の苦難に会ったが、この日のように人道上の問題で良心にせまられたことは全くはじめてであった。

それからは県開拓課の成沢主任が中金において合同償還促進会議を司会してくれたが、私は「狸寝入り」ばかりしていた。

とうとう池田開拓課長から参事の解任要請されたものだが、小野寺開拓連会長により解任され、漸《ようや》く心は晴れ晴れした。

※

東京方面からの情報で私を北米に派遣、研修させることにしてくれた。経済連から新しく事業部長に来てくれた熊谷部長の運動で、渡航費用負担のため開拓地から七十万円の大金を集めてくれた。これも凍霜害の延長線上私が生涯に亘って感謝し続けることになった。

私のアメリカ視察目的は「傾斜地農業と機械化」問題であった。二ヶ月に渡りアメリカ農村を歩き回り教えられた事柄は多い。

シアトルからワシントンまで大陸の横断を上空から眺めてまず驚いた。広い耕地は上空から視ると縞《しま》馬模様、それは畑地の等高線栽培による姿、即ち豪雨があっても耕地に育成された肥沃な土壌は、自分の農場の外に流出させないで年々肥沃《ひよく》の土地を耕作する目的の国家補助事業であった。アメリカ学者の言。

「従来のように畦が自分の土地を適当に使い土壌流亡すれば永久に自分に帰ってこない。これは日本の水田を見て思いついた。」

戦後の日本の開拓地は総てアメリカ以上に傾斜地ばかりの農業地帯そして開拓地の個人所有を決める土地の割方も等高線栽培の出来ない基本的条件にされている。緊急開拓に着手してからすでに五十年。その人々は冷害ばかりでなく山岳、急傾斜という土地条件の不良地に生き残り、将来も変形させることの出来ない土地に腰を下ろして子孫まで続けられる様、その対策を工夫しなければならない。それを実行していかなければならない人々は多くの岩手の開拓地に残っている。即ち山の傾斜は昔も将来も同じだからここにどうして生き続けたら良いのだろうか。アメリカはこの事情には国をあげて取り組み、等高線栽培を機械化して、全国的にやっていたことを学ばなければならない。

この点を実行したのは巻堀の工藤貢組合長であった。丘、山のある開拓地を永遠的に安全に経営してゆくには草地造成しかない。巻堀の工藤貢氏の体験として残っている。この作業は山形県新庄に実験農家としてはいったデンマークのフェンガーさんの技術「不耕地草地造成法」を小西義太郎指導員が研修して来て実行し、また工藤貢組合長は団員を北海道の「傾斜地農法研究所」に派遣して、傾斜地を馬耕で経営管理する研究を実施し完全に成功。

農林省は草地造成の補助事業。それは耕起して牧草を播種するという手段が補助の重要なポイントであった。然し開拓地の牧草化する土地の地形は、畑にするのに不便な傾斜地が選択されねばならない自然条件であった。又この時代は入植地に生えていた樹の切れ残りの根が未だ頑として動かない時代だった。

草地造成事業の農林省方針と巻堀の実践とは『不起耕』『根株そのまま』の条件では補助金はだせないということになった。農林省自身も平地農業だけ頭に入っている先生方も遂に蹄耕法（家畜を放牧して蹄による表土攪乱状態に牧草播種）という負け惜しみ補助政策に変化して、開拓者の笑いものになってしまった。

開拓の事業の成功は必ず開拓を実行する過程に於いて誠実に自然の原理に従い、持続した人間性がその基本である。

戦後開拓の人物像

イ、各地区の勇士達は、土地を手に入れたがそれを「どうするのか。」全く占領したばかりの時代であった。但し農業経営を頭に入れて動こうとしていたのは、雫石に入植していた岡本昌訓氏。

ロ、その次、営林署長の野原正勝」氏は菅野中隊（渡満出来なかった青少年義勇隊）を高い所、貝沢野に蕨《わらび》の根から澱粉生産するという作業で入植させた。

ハ、たまたま昭和二十二年、今上天皇陛下が長野県大日向満州開拓が軽井沢に再入植した土地と開拓民を現地に御出になり激励された後奥中山に巡回されて来て、マドロス、世界を歩き回った八重樫治郎蔵のご意見をお聞きなされた。緊急開拓は新しく日本を造り出そうという大御心、私と佐々木節さんと盛岡の夕顔瀬橋でお迎えいたしました。

ニ、満州移民を送り出した小田耕一氏は今度は逆に満州から追い出された人々を岩手の山々に落ちつかせる作業、その助手みたいな形で、義勇隊の隊長柳原昌悦と伊藤義一がそばに居て手伝っていた。満州移民は未だ帰ってこない。

ホ、分村計画で下閉伊の人々を連れて満州に移民した小森団長はシベリア、そしての団長の夫人は残留。小学校出たばかりの青少年は満州で関東軍に招集され未だはっきりしない時代。

故郷に生還はしたものの生活のメドがつかない満州移民者は、広い山間地を有する岩手県を希望して、裸同然で集まってきた。

満州開拓第五次（昭和十一年入植）、永安屯木村直雄団長と高瀬三郎、満州義勇隊第一次山形隊の丸山新治中隊長と婦女子達、その参謀格の松浦健一、鉛温泉から一時間以上も歩いて漸く着く、沢内村の背の下で開拓していた岩手の満州生還者、と堀忠雄元団長の率いる大原佐五郎外数人で、遠野の奥、早池峰神社の社務所に泊まりこみ、その奥地の開拓を始めた。

へ、カラフトからの引揚者は観武原道路北側に居住していた。そして、開拓地を要望していたから、堀が案内して沼宮内の西方山の中を調査、そして日が暮れた。家など無い炭焼小屋に一夜暮らしたが、とうとう入植することになった。

満州開拓者とカラフト引揚者とは少々性格が違っていた。

ト、六原農場には北大教授でプラウ博士の松野傳さんが満州より生還されて駐在しておられた。松野先生を慕って、通北実験場の引揚者が付近に入植した。

チ、そこからそんなに遠くもない元飛行場後藤野には、満州の最西地ソ連の隣に入植した人々が折居次郎の外、満州自由移民の人たちが開拓を始めた。岩手県庁では水路を構築して水田にしようという原案であったが、ここの人々は満州の国境に入植し、何れはシベリヤの営農指導をしようという驚くべき思想の人々が入植した。

堀は在満時代一回だけその開拓団を訪れたが、大型農業具と種畜農法で、満州では特殊な開拓団であったからそのうちにスバラシイ開拓地を創り出すだろうと思われた。

九　「21世紀日中東北の会」と私

1　初めに

本文は「21世紀日中東北の会」を閉会するにあたって用意した挨拶の文章である。この会を設立したことから私の「満州」や「開拓」の研究が始まった。定年退職の前後で様々なことがあった。参考としてその全文を紹介する。

２０２０年4月4日をもって私たちの「21世紀日中東北の会」（以下「日中東北の会」と略記）は閉会となります。会長職を仰せつかっている私自身が迫りくる老いや病（パーキンソン病）で動作がのろくなり、記憶力もはなはだ衰え、ろれつがまわらなくなっています。何よりも会を維持していくだけの気力や自信を喪失していることから閉会はやむを得ないと思います。

しかし、会の課題としてきた問題に一区切りついた、という意味では、日中東北の会の活動自体がその終息を告げる時が来ていたともいえます。

それは「満州開拓移民」の悲劇的体験を聞き取ることから始まった私たちの会が、その活動をほぼ終えたと言えるからです。今や満州開拓の経験を持つ人は極めて少なくなり満州の記憶も歴史の彼方に消えようとしています。それだけに一層、今健在の満州体験者の語りに耳を傾け記録することが大事だ、そういう切羽詰まった思いでお話を聞いてきました。

満州開拓の（悲劇の）上に戦後の開拓、岩手山麓の開拓がありました。この2月（２０２０年2月）、私は戦後開拓の労苦を主たるテーマとした『岩手山麓開拓物語』を出版したところですが、これをもって日中東北の会の「開拓」のテーマが一段落しました。

満州開拓は大日本帝国の農民の貧困が満州国という夢に結びついて行われた開拓でした。満州国という傀儡《かいらい》国家を作って、その上に実施された開拓でした。ですから大日本帝国の敗戦とともに満州国も消滅しました。満州国の命は13年という短命なものでした。

満州移民は満州国建国の昭和7年に始まりました。昭和11年、広田弘毅内閣は「今後20年間に百万戸、5百万人の日本人を満州に送り込もう」という壮大な計画を立てました。農民はその国策を信じ、満州国建国の理想を信じて馳せ参じました。そこには貧困に苦しむ現実もありました。農民は貧困から解放されることを信じ、「五族協和」「王道楽土」という夢（言葉）を信じて満州に渡りました。満州は夢の国だったのです。

開拓団の人々は理想に燃えて満州開拓に励み着々とその成果を挙げていました。しかるに昭和20年8月9日、ソ連軍の突然の侵入によって満州は大混乱に陥りました。まさに文字通り「晴天の霹靂《へきれき》」でした。ソ連兵の暴行だけでなく「満人」（開拓団の人々は中国人をそう呼んでいました）の逆襲、集団暴行、略奪も受けました。開拓民は築き上げてきた開拓団の土地、財産を捨てて帰国を目指しました。開拓民は国家の保護を失った難民と化して筆舌に尽くしがたい苦難を舐めました。満州開拓に馳せ参じた人は27万人。厳しい寒さ、飢えと病に苦しみながら避難民の収容所で冬を過ごし、8万人が無残な死を遂げたといいます。滝沢市砂込の満州開拓者殉難の慰霊塔はそうして亡くなった同志、開拓民の霊を慰めるものであることを日中東北の会の講演で初めて知りました。

引き揚げて帰国した開拓民は、食糧もなく仕事もない生活苦に直面しました。昭和20年は記録的な飢饉の年で、長い戦争によって経済も疲弊していました。昭和20年、それは日本史上最悪の年でした。負けることがないと信じていた大日本帝国の滅亡の年でした。

引き揚げてきた満州開拓民の中には生きんがために、国内の開拓に挑んだ人々がいました。満州開拓への再度の挑戦でした。その人々にとって満州体験は戦後開拓の土台となりました。満州開拓はその多くがすでに開墾されていた満人の土地を収奪したものでした。一部、日本人が原野だったところを開拓したところもありましたが、多くは既墾地だったのです。当時のことながら日本人の開拓は中国人にとって受け入れがたいものだったのです。
これに対して敗戦後の開拓は文字通り「開拓」であり南部アカマツやカラマツ、クマザサなどの生い茂る原生林と闘ってなされました。この戦後開拓こそ「真の開拓」だったという人もいます。戦後開拓は2代目、3代目と受け継がれました。現在の私たちの暮らしはその敗戦後の開拓の上に成り立っています。敗戦は食糧難と失業をもたらしました。６００万人を越える人が引き揚げ、もしくは復員してきました。私達は戦後日本の貧困、労苦を思い起こし、奇跡ともいわれる敗戦後日本の復興はいかに成しとげられたかを知るべきでしょう。

敗戦は単に戦争に負けたというだけではなく、国民のすべてに及ぶ思想、価値観の大きな転換でした。敗戦によってアメリカ流の民主主義国家へと１８０度転換し、新しい国が誕生しました。具体的に言えば、天皇が統治する軍国主義国家「大日本帝国」から、民主主義と人権を重視する平和国家「日本」の建設へとつながっていきました。

戦後約20年を経て生活も安定し、経済的にも豊かになっていく中で満州時代の記憶がよみがえってきました。それを文集として編集したり、慰霊塔を建設する運動が盛んに行われました。

戦後開拓の労苦もそれと同時に思い出となっていきました。

満州開拓や戦後開拓を語る言葉として「拓魂」（フロンテアスピリット）という言葉が浮かび上がってきました。そこには、戦前のような軍国主義ではなく平和を大切にしよう、今は亡き「拓友」の心を慰め、鎮めようという「鎮魂」の心が潜んでいます。

満州開拓の悲劇を学んできた私たちが、何よりも忘れてはならないことはこの、戦争の悲惨さ、平和の尊さということです。

現在日本は先進国として平和で、豊かな、便利な、快適な生活を過ごしています。それは敗戦のどん底から立ち上がって、新しい憲法、平和憲法のもとに、たゆみない営々たる努力を重ねてきた賜物です。また労働を愛する勤勉な国民性の賜物です。

それにつけても昭和20年、敗戦の年を繰り返し思い起こすべきです。そして満州開拓民の8月9日に始まった悲劇を思い起こし、戦前、戦後と貫かれた「拓魂」とは何かを考え、2度と戦争を繰り返さない平和国家「日本」の建設に努めるべきだと思います。

「日中東北の会」は閉会しても、そこで学んだことを忘れず、これからも日中の平和、世界平和のためにささやかながら尽くしたいと思います。

2　張大生先生の誘い

思えば2008年3月8日、中国の黒竜江大学教授（当時は副教授）、張大生先生が岩手大学に客員研究員として来日、5か月間の研究を終えて、帰国するその前日、アイーナの団体活動室で講演し、その中で「21世紀日中東北の会」の設立を格調高く宣言、岩手日報や河北新報にも紹介されて、にぎにぎしく出発しました。その前に張先生と山下キヌさん、筆者とのそれぞれの偶然の出会い、交流がありました。中国の東北地方に暮らす張先生が日本の東北に関心を持ち、別れを惜しんで置き土産のように、会の設立を熱く呼びかけたのでした（単に岩手ではなくやがては、東北地方全体に及ぶ大きな会になることを夢見ていました）。「21世紀日中東北の会」は日中相互の歴史や文化を研究し、それを交換しあおう、時には互いに日本、中国を訪問しよう、ということで始まりました。

21世紀という未来を志向し、日本と中国の相互理解、親睦を深めよう、と心弾ませて発足しました。中国の東北、日本の東北に特化した会は珍しいものでした。中国の東北地方――それは日本では「満州」と呼ばれています。この満州こそ、「日中東北の会」の隠れた重要なテーマでした。

3　体験者の語り——人との出会い、歴史への関心

日中東北の会は研究者の集まりでなく、一般市民の学習、研究会でした。歴史家の参加もありましたが、関心を持つ人には誰にも開かれている肩ひじ張らない会でした。アイーナでの集会は月一回（年に10回）の講演会、毎回、20人から30人が参加、講演会を中心として、時には開拓者として生きてこられた山上忠治さんの滝沢市住む柳沢を訪れたり、後藤新平記念館を訪れるなどのフィールドワークもありました。

例会後は、昼食を取りながら講師を囲んで話に花を咲かせました。

日中東北の会では、この山上さんを始め、戦前、満州に渡った開拓農民の苦難に満ちた体験談を聞きました。小野寺今朝治さん、小森茂如《しげゆき》さん、伊東保男さん、田代寛さん、田村博さん、三田照子さんたちの体験に基づくお話を聞き、心をゆすぶられました。私はしだいに満州に関心を持ち、熱くなって歴史の本を読むようになりました。講師としてお願いした深沢秀男先生、

岡崎正道先生、安藤厚先生などの歴史家の講演も興味深く、大局的に歴史を見る目を養いました。

私はなぜ、開拓民があのような苦しみを味わわなければならなかったか、満州とは何であったか、という疑問を持ちながら歴史の勉強をするようになりました。この時初めて私は歴史に開眼しました。受験勉強でなく、悲劇の体験者からお話を伺ったことがきっかけとなって歴史の勉強が始まりました。日中東北の会を設立した２００８年３月は私にとって思想的に大きな転換期となりました。

それまでの私は正岡子規や賢治を読んで（研究して）きましたが、日中東北の会の学習が始まると、歴史に関心を持つようになりました。40年も続けてきた俳句や短歌への関心は薄れ、生々しい戦争、近代史が関心の対象となりました。子規や賢治を読むにしても、歴史的文脈で捉えるようになりました。考えてみれば子規は日清戦争という大日本帝国の始めた最初の戦争と深く関わっています。賢治は満州帝国建国の時代に生きました。私は子規や賢治の生きた時代、その歴史を考えるようになりました。日中東北の会で私は歴史的に見ること、広い視野に立って物事を見ることを学びました。それは大変ありがたいことであったと、会に感謝しています。

4　旅をすること、書くこと

「日中東北の会」で学んでいるうちに、私は旅に誘われるようになりました。正岡子規が好きな私はもともと子規を追う国内の旅を重ねていましたが、伊藤博文を射殺したことで知られる安重根に関心を持ち、ソウルを訪れたことや、中国東北（満州）の旅や台湾の日本族ともいうべき人たちと交流を深めたのは日中東北の会の影響です。

中でも大きな旅は中国大連の大学への2回、あわせて9カ月にわたる留学体験です（留学も広い意味で旅です）。最初の留学は2011年で、この年私は65歳で定年退職を迎えていましたが3月11日の東日本大震災から逃れるように（未曽有の震災に苦しむ人々を見放すのかと良心の呵責を覚えつつ）、大連交通大学国際交流学部で中国語を学びながら、若い中国の青年たちと交流を深めました。記憶力の悪い私は忘れないうちにと思って留学体験記を毎日書きました。それに「大連通信」というタイトルをつけて盛岡タイムスに連載記事として送りました。その間、日中東北の会の運営は山下事務局長に任せっきりでした。「名ばかり会長」でした。

定年を迎えた私は、日中の歴史や文化を調べると同時にこれからは地域の文化を、人を、掘り起こす物書きになるのだと決意し「南部駒蔵」というペンネームで作品を発表しました。その最初が「大連通信」でした。また岩手県の芸術祭に応募して小説めいた伝記『追分名人漁師伊勢松』を書き岩手芸術祭賞を受賞しました。

私は定年後の課題として、岩手の人と文化をテーマとして書くことと同時に、数年間は、日本と中国を行き来して勉強しようと考えていました。２０１１年に4カ月、次の年は5カ月と大連交通大学で留学生として学びました。退職後3年目に、マイコプラズマ肺炎という恐らく大連から持参した肺炎で生死の間をさまよい、青山町の国立病院に23日間、入院しました。入院中に「マイコプラズマ肺炎日記」という詩集（?）を書きこれも盛岡タイムスに発表しました。詩集と言っても、入院中にお目にかかった（頭に浮かんだ）子規や啄木、賢治、パスカルなどのことを書いたものです。

肺炎を患って自分の健康に自信を失った私は以後、私は中国行きを止め日中東北の会の活動に基づく『オーラルヒストリー　拓魂』を完成させることに熱中、２０１４年12月、これを出版しました。

日中東北の会は２００８年に会が発足してから最初の5年間、毎月例会を持ち、6年目以降は年に2回だけの学習会となりました。体験者の話を聞き、歴史家のお話を聞きました。講演の内容は原稿用紙にして15枚から20枚のくらいの会報にまとめました。これが本にまとめる上で役立ったのです。

『オーラルヒストリー　拓魂』を出版した後、滝沢市巣子の坂本正一さんや一本木の吉田徳男さん、花平の圷《あくつ》幸一組合長さんなどから取材して欲しいと次々に声がかかり、岩手山麓の戦後開拓について様々なお話を伺うことになりました。それをまとめて『岩手山麓開拓物語』として出版することになりました。

私は２０１８年7月に『木を植えた人・二戸のフランシスコ　ゲオルク・シュトルム神父の生活と思想』という本を出していますがこれは私の生涯の師ともいうべき神父について書いたもので、原稿が活字となるまで13年かかっています。２０１１年に定年退職してから２０２０年の現在に至るまで、まる9年になろうとしていますが、この間に3冊の本を出版したことになります。退職後9年で3冊の本を出版！（この他に退職後の中国大連短期留学体験記『大連通信』が一冊の本とならずに眠っています）またこの留学体験をふまえて私としては珍しく月刊「俳句界」という俳誌に『陣中日記』（子規の大連滞在記）の注釈を連載しました。我ながら「自分をほめてあげたい」という気持ちもありますが正直言って少し疲れています。

何とか出版出来たとはいえ本を書くことに時間とエネルギーを奪われ、家族の一員としての務めもないがしろにしてきました。逆にいえば自由、わがままに勉強し、旅行などしてきました。それを許してくれた妻に、この場を借りて「有難う」と言いたいと思います。

後期高齢者にもなろうとしている今、私は今後、取材や執筆、勉強などにばかり熱をあげず、家庭を大切にし、日々の暮らしをゆったり楽しみたいと思っています。

「日中東北の会」を支えて下さった皆さん、盛岡タイムスに連載された記事（大連通信、満州開拓民の悲劇、岩手山麓開拓物語、マイコプラズマ肺炎日記など盛岡タイムスには私たちの研究会と市民をつなぐ恰好の場を提供していただきました）をお読み頂いた読者の皆さんにも心からお礼申し上げます。

5 三部作の完結

以上は「日中東北の会」閉会の挨拶（2020年4月）である。それから一年余りを経て本書の発刊となった。最初から意図して三部作を書こうとしたわけではないが『オーラルヒストリー拓魂』『岩手山麓開拓物語』そして『満州開拓民の悲劇』の三部作となった。

三部作の共通点は（満州・岩手の）「開拓」である。戦争体験も「開拓民の体験」を通して追求した。開拓民から直接、話を聞き取り、その開拓民の人生を紹介した。その意味では自分史であり、体験を聞きとりつつ自分史を書くお手伝いをしたともいえる。三部作には、あわせて三十人ほどの人生の物語が紹介されている。いずれも「開拓」をキーワードとしたオーラルヒストリー（体験者の語りを中心とした歴史の記述）といってもよい。

貴重な体験を語って下さった皆様には改めて感謝申し上げます。また、同志として共に学んできた日中東北の会の皆様にも感謝申し上げます。

○「八月九日に思う」――岩手日報論壇より

日中東北の会で学んだこと、考えたことは時折、新聞に投稿した。ここではその中の一つで岩手日報論壇に発表した文章を紹介しておく。

多くの人に忘れられているが、滝沢市砂込（国道4号線を挟んで盛岡大学反対側付近）には、岩手山、姫神山をつなぐ線上に、北海道を思わせる広々とした開拓地があり、そこには二基の十三重の慰霊塔が建立されている。これは満州開拓殉難者の霊を慰める慰霊の塔である。このような形の慰霊塔はかつて満州によく見られたもので仏教の信仰に基づいた「命を大切にします」とか「二度と戦争はしません」という誓いの塔でもある。訪れる人も少なく、今や雑草が生い茂り、半ば見捨てられている、この慰霊塔について多くの人が知ってほしい、訪れて死者たちの霊を慰めてほしい、と私は願っている。

十三重の慰霊塔に添えられた碑文には、満州国の歴史を語る重要な出来事が記されている。それを短い紙面で詳しく紹介する余裕はないが、一つのことを指摘しておきたい。それは碑文の末尾のデート（日付）、「昭和四十九年八月九日」という日付についてである。資料によって調べてみると、この慰霊塔の除幕式及び慰霊祭は「昭和四十九年九月二十一日」である。「八月九日」の日付はどこから来たものだろうか。

それは満州開拓民の記録にしばしば登場してくる日付で、忘れようにも忘れられない青天の霹靂《へきれき》、地獄の始まりの日である。

具体的に言えば、シベリア方面からのソ連軍の満州への侵攻と、身近に親しんでいたはずの「満人」（中国人をそう呼んでいた）の開拓民への攻撃はこの日から始まった。満州国皇帝であった溥儀《ふぎ》が正式に退位を宣言したのは八月十八日だが、実質的にはこの八月九日こそ、大日本帝国の生み育てた満州国崩壊の始まりの日、満州開拓移民の受難の始まりの日だった。これらのことを意識して碑文の末尾の日付としたと思われる。

現在「八月九日は歴史的にはどういう日ですか」と問われると、多くの国民が長崎に原爆が投下された日、と答えるだろう。テレビや新聞でも、原爆のことを取り上げることが多く、この満州開拓民の受難についてはあまり報道されない。これはなぜだろうか。

私にもよくわからないが、日中東北の会を通して満州のこと、日中の近代の歴史を学び、今強く思っていることは、八月九日を「満州開拓民殉難の日」として、日本の国民が思い起こすべきだ、ということである。それは原爆の投下や米軍による空襲、沖縄の地上戦にも並ぶ悲劇的な体験だった。

敗戦当時、満州には二十七万人の開拓農民がいて、その内、八万人が病死、又は戦死した（満州に居留していた日本人は合わせて百五十五万人、そのうち二十万人が死亡した）。岩手県出身者でいうと、開拓民二千六百人、満蒙開拓青少年義勇軍二千七十二名、合わせて四千六百七十二名のうち、約千五百名の県人が大陸で亡くなったという。慰霊塔はその死者を祀るために幸いにも生きのびた同じ開拓民によって建立されたのである。

問題は死者の数の多さだけではない。満州開拓民の中で働き盛りの男はすでに召集されていなくなっているところに、突然のソ連軍の侵攻によって、女、子供という弱者だけが残されていた。際立つのはソ連軍の略奪、婦女暴行のすさまじさである。「女はいないか」とあさり、夫や子供のいる前で暴行に及んだことも証言されている。恐怖と屈辱に耐えきれず自殺した女性も数多くいる。それまで大人しく、従順であった満人も暴力や略奪を繰り返した。開拓民によって自らの耕作地が奪われた怒りや憎しみがそこにはあった。満蒙開拓はそこに住む中国人の理解、協力のもとになされたものではなかった。その報いである。

満州開拓民の受難で特徴的なのは、自殺、しかも集団自決が際立って多かったことである。哈達河（ハタホ）開拓団は昭和二十年九月十二日、ソ連軍の挟み撃ちにあい、四百数十人が自決した（麻山事件）、瑞穂《みずほ》村は武装した満人の襲撃を受けて、同じく九月十七日に四百九十五名が集団自決した。従軍看護婦にはソ連軍の慰み者にされることを拒否して二十二名が集団自決した例もある。

開拓団を守ってくれると約束した関東軍は開拓民を見捨てた。見捨てられて流民と化した開拓民はソ連軍と満人、双方の暴力に怯え、飢えと寒さ、病気に苦しんだ。その苦しみの期間の長さも満州開拓民受難の大きな特徴である。開拓地を離れて故国日本に帰ろうにも、容易なことではなかった。満人の妻となって生きるしかない人もいた。両親を失って大陸の孤児となって、さまよわねばならない人もいた。逃げる途中、老人や子供を捨てねばならない人もいた…その受難の記録は岩手県内だけでも豊富に残されている。

満州開拓民がソ連軍と満人、双方の暴力に苦しめられたのはなぜか。そこには考えるべき政治的な問題、国際的な問題があり、くみ取るべき教訓がある。

「八月九日」を「満州開拓民殉難の日」として、満州の悲劇に思いをはせ、そこで亡くなった多くの尊い御魂の霊を慰めると共に、平和への想いを新たにする日としたいと思う。

著者紹介

黒澤勉（ペンネーム　南部駒蔵）

1945年、青森県十和田市生まれ。県立三本木高校を経て東北大学文学部国文科卒。岩手県内の高校に22年間勤務した後、岩手医科大学で20年間文学、日本語表現論などを教え、2011年に定年退職。退職後、中国の大連に併せて9か月短期留学。（定年前著書）『日本語つれづれ草』『盛岡言葉入門』『言葉と心』『東北民謡の父　武田忠一郎伝』『病者の文学　正岡子規』『子規の書簡上・下』『宮澤賢治作品選』など。（定年退職後）『大連通信』（盛岡タイムス連載）『子規の「陣中日記」評釈』（月刊俳句界連載）『マイコプラズマ肺炎日記』（詩集）『オーラルヒストリー拓魂』『岩手山麓開拓物語』『木を植えた人・二戸のフランシスコ　ゲオルク・シュトルム神父の生活と思想』など。

満州開拓民の悲劇

ISBN 978-4-909825-29-2
定価 1,600 円＋税

発　　行　2021 年 10 月 20 日
著　　者　黒澤　勉
発 行 人　細矢　定雄
発 行 者　有限会社ツーワンライフ
〒 028-3621
岩手県紫波郡矢巾町広宮沢 10-513-19
TEL.019-681-8121　FAX.019-681-8120
印刷・製本　有限会社ツーワンライフ